Jean-Michel Dequeker-Fergon. Profession : Auteur

Jean-Michel Dequeker-Fergon est professeur d'histoire. Il s'échappe de temps à autre de Paris pour une randonnée en montagne ou la découverte d'horizons lointains. C'est d'abord pour son fils de 11 ans qu'il s'adonne à l'écriture de livres pour enfants. Il décortique ici d'un ton allègre l'univers de Napoléon Bonaparte.

Christine Géricot. Profession : Humoriste

Christine Géricot, diplômée en arts plastiques, est une femme passionnée et passionnante. Elle étonne tout son monde quand elle anime l'atelier de peinture pour les enfants malades à l'institut Gustave-Roussy. Elle s'amuse et nous divertit lorsqu'elle commente avec brio la vie de l'illustre Empereur.

Olivier Grojnowski dit O'Groj. Profession : Dessinateur

Tenancier de la ligne frêle
Médaillé du génie agricole
Génie intermittent
S'est illustré dans la presse, l'édition, la publicité, le dessin animé... et comme auteur d'albums.

Les docudéments

Rédaction en chef : Clotilde Lefebvre et Françoise Favez
Coordination illustration : Jean-Philippe Chabot
Coordination maquette : Alain Barreau
Coordination presse : Claire Babin

Napoléon, l'Empire c'est moi

Edition : Françoise Favez
Maquette : Isabelle Roller

Tous droits de traduction, de reproduction et d'adaptation réservés pour tous pays.
© Éditions Gallimard Jeunesse, 1997
Dépôt légal : février 1997
Numéro d'édition : 79600
ISBN : 2-07-050735-1
Loi n° 49-956 du 16 juillet 1949 sur les publications destinées à la jeunesse
Imprimé par Hérissey

NAPOLÉON
L'EMPIRE C'EST MOI

Napoléon Bonaparte en quelques dates

15 août 1769 : naissance de Napoléon Bonaparte.

1779-1784 : études à l'école royale militaire de Brienne

septembre 1785 : sous-lieutenant d'artillerie

1792-93 : Bonaparte en Corse

juin 1793 : capitaine d'artillerie à Nice

septembre-décembre 1793 : siège de Toulon

décembre 1793 : général de brigade

juillet 1794 : emprisonné après la chute de Robespierre

5 octobre 1795 : Bonaparte écrase les royalistes
(13 Vendémiaire)
9 mars 1796 : mariage avec Joséphine de Beauharnais
1796-97 : campagne d'Italie
15-17 novembre 1796 : bataille d'Arcole
12-16 janvier 1797 : bataille de Rivoli
1798-99 : campagne d'Egypte
21 juillet 1798 : bataille des Pyramides
9 et 10 novembre 1799 : coup d'Etat de Brumaire
14 juin 1800 : bataille de Marengo
24 juin 1800 : attentat de la rue Saint-Nicaise
3 février 1801 : traité de Lunéville avec l'Autriche
15-16 juillet 1801 : Concordat avec le pape
25 mars 1802 : traité d'Amiens avec l'Angleterre
2 août 1802 : Bonaparte, consul à vie
21 mars 1804 : exécution du duc d'Enghien
et promulgation du Code civil
2 décembre 1804 : sacre impérial
21 octobre 1805 : bataille navale de Trafalgar
2 décembre 1805 : bataille d'Austerlitz
14 octobre 1806 : bataille d'Iéna
21 novembre 1806 : décret de Berlin instaurant
le blocus continental
14 juin 1807 : bataille de Friedland
8 février 1807 : bataille d'Eylau
juin-juillet 1807 : négociations de Tilsit
2 et 3 mai 1808 : soulèvement des Madrilènes
5-6 juillet 1809 : bataille de Wagram

2 avril 1810 : mariage avec Marie-Louise
20 mars 1811 : naissance du roi de Rome
1812 : campagne de Russie
5-7 septembre 1812 : bataille de la Moskova
nuit du 15-16 septembre 1812 : incendie de Moscou
23 octobre 1812 : conjuration de Malet
26-27 novembre 1812 : passage de la Berezina
16-19 octobre 1813 : bataille de Leipzig
(bataille des Nations)
janvier-avril 1814 : campagne de France
6 avril 1814 : abdication
20 avril : adieux de Fontainebleau
1er mars-22 juin 1815 : les Cent-Jours
18 juin 1815 : Waterloo
5 mai 1821 : mort à Sainte-Hélène
octobre-décembre 1840 : retour des cendres

L'enfance d'un chef

Les mauvaises langues ont voulu faire croire que Napoléon était le descendant d'un huissier et d'une gardienne de chèvres ! Ses admirateurs préféraient lui attribuer une ascendance plus brillante en affirmant qu'il était l'arrière-arrière-petit-fils du Masque de fer, et même de Jules César…

La tribu Bonaparte

La réalité est plus simple : Napoléon est le fils de Charles Bonaparte et de la belle Letizia Ramolino. Le deuxième d'une grande tribu de huit enfants : cinq garçons et trois filles.

		Rôle sous l'Empire
Joseph	1768-1844	Roi de Naples, puis roi d'Espagne
Napoléon	1769-1821	Empereur des Français
Lucien	1775-1840	Prince de Canino
Elisa	1777-1820	Grande-duchesse de Toscane
Louis	1778-1846	Roi de Hollande
Pauline	1780-1825	Princesse Borghèse
Caroline	1782-1839	Reine de Naples
Jérome	1784-1860	Roi de Westphalie

Napoléon est le rejeton de l'une des bonnes familles d'Ajaccio, reconnue comme noble par la France qui vient d'acheter la Corse aux Génois en 1768, un an juste avant sa naissance.

On ne connaît pas grand-chose de son enfance. On l'imagine mieux jouant aux petits soldats que berçant les poupées de ses sœurs. Il aimait sans doute déjà beaucoup la guerre, c'est un virus que l'on attrape de bonne heure. Letizia raconte dans ses mémoires : «Napoléon, à qui j'avais acheté un tambour et un sabre de bois, ne peignait sur les murs que des soldats toujours rangés en bataille.» Cela promettait...

Notre jeune garçon paraît un rien ombrageux, colérique, en un mot ayant fort mauvais caractère. Ses frères et sœurs en savent quelque chose...

Peut-être souffre-t-il de ce que l'on appelle aujourd'hui un fort complexe d'infériorité, vu sa petite taille et son apparence chétive. Mais à l'époque les psychologues et la psychologie n'ont pas encore été inventés.

La mère de Napoléon s'appelait RAMOLINO ?!!!

Letizia Bonaparte

née Ramolino...

Si Napoléon s'était appelé "Ramolino", à l'école on l'aurait surnommé... **RAMOLLO!**

Ça lui aurait fait attraper plein de complexes.

MANMAAN! Y font rien qu'à m'embêter!

Va voir ton père, je suis occupée...

Et après, à l'adolescence, il aurait eu tout un gros tas de problèmes avec les filles...

Ramollo!

Par dépit amoureux, il se serait engagé dans la légion. Il aurait eu de l'avancement.

D'abord nommé lieutenant...

Soldat, je suis content de vous.

Puis général...

Je suis content de vous.

...Empereur!...

'Content d'vous voir!

BONG!

Ah non, tiens... Si Napoléon s'était appelé "Ramolino" au lieu de "Bonaparte", ça n'aurait rien changé du tout...

Je suis content..

De Moi!

...Pas plus que s'il s'était appelé "Grobidon" ou "Dugenou".

Ce type là avait de toute façon la vocation pour faire son intéressant quoi qu'il arrive... Enfin... Dommage: au moins "Ramollo Ier", ça nous aurait fait rigoler!

o'groj

Petit à petit l'Aigle fait son nid

L'enfance de notre héros est brève. Il a 9 ans quand son père l'emmène sur le continent. Celui-ci visite plusieurs établissements avant de jeter son dévolu sur l'école royale militaire de Brienne. Bonaparte va y passer cinq ans.

Pauvre Napoléon, en plus de son physique ingrat il y a ce terrible accent corse qui lui fait prononcer son nom Napoillioné, ce que ses charmants compagnons traduisent par La Paille-au-nez ! Visiblement cela ne l'atteint guère.

Il travaille dur, ce qui lui vaut un excellent carnet scolaire, se distinguant surtout en mathématiques. En histoire-géo, correct sans plus. C'est vrai que s'il avait révisé le chapitre sur les climats… il aurait pu par la suite éviter bien des soucis… mais c'est une autre affaire, n'allons pas trop vite !

Le chevalier de Keralo, sous-inspecteur général des écoles royales militaires, fait un rapport sur lui.

Ecole royale militaire de Brienne septembre 1783

Nom de l'élève : *de Buonaparte*
Prénom : *Napoléon*
Date de naissance : *15 août 1769*
Classe : *quatrième*

Observations : Honnête et reconnaissant, sa conduite est très régulière. Il s'est toujours distingué par son application aux mathématiques; il sait passablement l'histoire et la géographie; il est faible dans les exercices d'agrément. Ce sera un excellent marin. Il mérite de passer à l'Ecole de Paris.

Chevalier de Keralo

sous-inspecteur général des écoles royales militaires de France

Voyant la réticence de ses supérieurs, Keralo insiste : «Je sais ce que je fais. Si je passe ici par-dessus la règle, ce n'est point une faveur de famille, je ne connais point celle de cet enfant, c'est tout à cause de lui-même. J'aperçois ici une étincelle que l'on ne saurait trop cultiver.»

Si pour l'«étincelle» Keralo voit juste, pour en faire un matelot le brave chevalier se trompe légèrement car Napoléon n'a pas le pied marin. Mais il ne peut pas encore le savoir. A part la traversée en direction du continent notre héros n'a pas beaucoup voyagé...

Enfin, fort de ces appréciations élogieuses, Bonaparte part à l'Ecole militaire de Paris où il sera également remarqué par son professeur d'histoire qui décèlera aussi dans son œil une «étincelle», celle d'un chef, bien sûr ! «Corse de nation et de caractère, il ira loin si les circonstances le favorisent» (ça ! pour le favoriser, elles vont le favoriser...).

En septembre 1785, Bonaparte est finalement reçu lieutenant en second. Il est 42e sur 58... Il est affecté à Valence. Commence pour lui la vie de garnison, ponctuée de longs séjours en Corse pour laquelle il s'enflamme.

1786, 1787, **1788, 1789**...

Vive la nation !

La Révolution qui vient d'éclater va totalement modifier le cours des choses... et la carrière de Bonaparte. S'il adhère aux idées révolutionnaires, il se méfie de tout ce qui ressemble à des désordres ou à des émeutes. C'est un militaire, après tout.

Il témoignera plus tard du dégoût qui le saisit à Paris, pendant la prise des Tuileries le 10 août 1792, devant le spectacle qui s'offrit à lui : «Jamais, depuis, aucun de mes champs de bataille ne me donna l'idée d'autant de cadavres que m'en présentèrent les masses de Suisses, soit que la petitesse du local en fît ressortir le nombre, soit que ce fût le résultat de la première impression que j'éprouvais de ce genre.»

NAPOLÉON
et
la Révolution Française

Et hop!

Sans culotte!

En Corse, Bonaparte se brouille avec Paoli, un ardent partisan de l'indépendance de l'île, alors qu'il considère pour sa part que la Révolution l'a rendue inutile, qu'il n'est «plus de mer qui nous sépare». Notre héros est rejeté, menacé et poursuivi. Il doit quitter précipitamment sa terre natale tandis que les paolistes saccagent et pillent la maison familiale d'Ajaccio, et dévastent les domaines des Bonaparte.

Il ne fait pas bon revenir au pays...

Mais des choses tellement importantes l'attendent sur le continent.

Premières armes

En septembre 1793, Bonaparte est envoyé au siège de Toulon comme commandant de l'artillerie. La ville, aux mains des royalistes, s'est livrée aux Anglais. La situation n'est pas brillante.

En bon stratège Bonaparte a tout de suite compris que la prise du petit fort de l'Eguillette, qui ferme la rade au sud-ouest, permettrait de tenir la ville. Il en convainc non sans mal l'état-major, installe une batterie soigneusement dissimulée. Mais dès qu'elle commence à tirer, le feu ennemi réplique furieusement. Pour galvaniser ses hommes, il fait inscrire par Junot : «Batterie des hommes sans peur» sur un écriteau accroché à un poteau. Et il va lui-même le ficher dans le sol. Par ce geste , il utilise sans le savoir la bonne vieille méthode Coué (méthode consistant à guérir par autosuggestion) qui n'a pas encore été inventée et qui se montre d'une parfaite efficacité. Ce sont des soldats sûrs de leur force et de la victoire qui partent à l'attaque.
Le résultat ne se fait pas attendre, la ville est reprise et Bonaparte décroche ses épaulettes de général de brigade à 24 ans !

Mais quelques mois plus tard, son amitié avec le frère de Robespierre le place dans une situation périlleuse. Un court moment, il est inquiété et emprisonné après l'exécution des Robespierre, le 9 thermidor de l'an II. L'absence de charges contre lui conduit finalement à sa libération. Ouf ! Il n'est pas passé loin de la guillotine.

Après son séjour en prison, Bonaparte est bientôt placé en disponibilité à Paris. Il s'ennuie à mourir. Mais, heureusement pour lui, cela ne dure guère. Les fameuses «circonstances» vont le favoriser… Il veut de l'action ? Il en aura.

13 **Vendémiaire**

Pour le moment Bonaparte reste un obscur. Il connaît même une réelle gêne financière, errant dans Paris sans emploi.

«A cette époque, raconte un témoin, Napoléon était si laid, il se soignait si peu que ses cheveux mal peignés, mal poudrés, lui donnaient un aspect désagréable. Je le vois encore entrant dans la cour de l'hôtel de la Tranquillité, la traversant d'un pas gauche et incertain, ayant un mauvais chapeau rond, enfoncé sur les yeux et laissant échapper ses deux oreilles de chien qui retombaient sur la redingote, les mains longues, maigres et noires, sans gants parce que, disait-il, c'était une dépense inutile, portant des bottes mal faites, mal cirées, et puis tout cet ensemble maladif résultant de sa maigreur, de son teint jaune.» En un mot, il est fauché !

En cette époque troublée Napoléon cherche son style...

Coup de veine pour lui ! A Paris, en vendémiaire de l'an IV, les royalistes qui n'ont pas dit leur dernier mot se soulèvent. Barras, alors commandant en chef de l'armée de l'Intérieur, cherche un général pour le seconder : il envoie chercher Bonaparte. Celui-ci fait la fine bouche, pour finalement accepter. Il a alors une phrase admirable : «Soit, j'accepte *(au fond il est ravi !)* mais je vous préviens que si je tire l'épée, elle ne rentrera dans le fourreau que quand l'ordre sera rétabli, coûte que coûte.»

Sacré Bonaparte, le voilà dans son élément. Il organise la défense de la Convention, envoie chercher l'artillerie qui se trouvait aux Sablons à l'ouest de Paris et, devant l'église Saint-Roch, mitraille la première colonne des insurgés, mais ne tire pas au canon comme on l'a souvent dit. L'autre colonne sera arrêtée quai Voltaire. Le soulèvement est maté. Bonaparte peut rengainer son épée.

Ce succès lui vaut de devenir général en second de l'armée de l'Intérieur. Voilà donc notre homme chargé du maintien de l'ordre dans la capitale.

Devinette

En 1783, Napoléon mesurait 4 pieds, 10 pouces et 10 lignes. Sachant que le pied, qui est une unité de longueur, vaut 30,48 cm, que le pouce vaut 27 mm et que la ligne correspond à la douzième partie du pouce, calcule en mètres et en centimètres la taille de Napoléon adolescent.

Réponse

126,87 cm soit environ 1,27 m...

La campagne d'Italie

Bonaparte se trouble, succombe, rend les armes.

Mais que se passe-t-il ?

Il est amoureux, tout simplement.

D'une jeune et jolie jeune fille, bien sûr ? Pas vraiment. D'une femme d'un certain âge, voire d'un âge certain. Il l'a rencontrée chez son ami Barras dont elle fut la maîtresse. On trouve la dulcinée un peu fanée, Lucien Bonaparte va même jusqu'à dire, peu galant, qu'elle est «plus que sur le retour». On l'examine sous toutes les coutures, les mauvaises langues vont bon train... Mais qui est-elle ?

Je t'aime moi non plus

Elle se nomme Joséphine de Beauharnais née Tascher de la Pagerie. C'est une Créole, originaire de Martinique. Elle est veuve. Son mari, le vicomte de Beauharnais, fut guillotiné pendant la Révolution. Mère de deux grands enfants, Hortense et Eugène, elle a un peu plus de 30 ans lorsqu'elle rencontre Bonaparte. Pourquoi se déchaîne-t-on tellement à son sujet ?

Elle a six ans de plus que son nouvel époux, on sait bien que la différence d'âge dans ce sens-là n'est jamais très bien admise, un peu d'argent aurait peut-être comblé l'écart, malheureusement, elle est ruinée.

Mais surtout Joséphine est une «femme légère». Elle fait un peu figure de courtisane, collectionnant les amants, ce qui n'est jamais très bien vu. Elle continuera d'ailleurs par la suite, donnant à Bonaparte plus d'une occasion de se plaindre de ses infidélités. Mais lui-même... Pour le moment, Bonaparte la trouve fort à son goût. Il lui fait une cour enflammée au point d'envoyer à sa «douce et incomparable Joséphine» des lettres non moins enflammées :

«... *mio dolce amor*, reçois un million de baisers, mais ne m'en donne pas car ils brûlent mon sang.»

Nous sommes en pleine lune de miel ! Du moins du côté du «brûlant» Bonaparte, car Joséphine est loin d'éprouver les mêmes sentiments. Ce qu'elle confie à une amie dans une lettre ne laisse pas transparaître une folle passion...

Pas mal vu, non ? A défaut d'amour, Joséphine possède un solide sens de l'observation. Enfin, elle se marie avec son général en 1796.

> Ma très chère,
>
> Je me trouve dans un état de tiédeur qui me déplaît... J'admire le courage du général, l'étendue de ses connaissances en toute chose, dont il parle également bien, la vivacité de son esprit, qui lui fait comprendre la pensée des autres presque avant qu'elle ait été exprimée; mais je suis effrayée, je l'avoue, de l'empire qu'il semble vouloir exercer sur tout ce qui l'entoure. Son regard scrutateur a quelque chose de singulier qui ne s'explique pas, mais qui impose même à nos Directeurs : jugez s'il doit intimider une femme !
>
> Votre Joséphine,

Un mariage peu apprécié par la belle-famille, qui déteste la belle. A ses yeux elle a de lourds handicaps : ses deux grands enfants, sa réputation de femme légère, son âge et quoi encore ? elle est extrêmement dépensière...

A l'abri de la Malmaison

Alors que son jeune général de mari poursuit des rêves de gloire en Egypte, Joséphine achète le château de la Malmaison. Elle y fait faire de grands travaux, engloutissant des sommes considérables, provoquant, vous pouvez vous en douter, les colères terribles de son auguste mari lorsqu'il reviendra de ses campagnes.

C'est là que Joséphine se retire après son divorce forcé d'avec l'Empereur, continuant à y recevoir sa famille, ses proches, et son ancien mari. Elle devait y mourir le 29 mai 1814. L'Empereur vient alors d'abdiquer pour la première fois.

~ La Malmaison ~

Pour l'instant, à peine le mariage célébré, le général doit partir commander l'armée d'Italie. Adieux déchirants sans doute mais c'est une belle promotion qui ressemble un peu à un cadeau de mariage de la part de Barras.

Première campagne

TRAJET DE L'ARMEE FRANÇAISE ⭐ VICTOIRES FRANÇAISES ☐ TRAITE
••••▶ ARMEES AUTRICHIENNE ET PIEMONTAISE ◉ SIEGE ET PRISE DE LA VILLE

Pour lutter contre les Autrichiens, le Directoire a en effet imaginé de lancer trois armées : deux par l'Allemagne, une plus au sud, par l'Italie. Rappelez-vous que les Autrichiens occupaient alors toute la Lombardie, c'est-à-dire la plaine du Pô.

Après avoir vu à Marseille sa mère et ses sœurs, Bonaparte prend son commandement à Nice. Il est maintenant à la tête de 40 000 hommes qu'il doit emmener en Italie. On a vu comment, trois ans plus tôt, au siège de Toulon, il avait réussi à galvaniser ses troupes.

«Vous n'avez ni souliers, ni habits, ni chemises, presque pas de pain, et vos magasins sont vides *(ce qui est vrai)*; ceux de l'ennemi regorgent de tout; c'est à vous de les conquérir. Vous le voulez, vous le pouvez, partons !» (Pour la petite histoire, on dit que le futur Empereur n'exprimera ces belles paroles, comme tant d'autres, que bien plus tard à Sainte-Hélène, lorsqu'il entreprendra de raconter sa vie, de la manière la plus flatteuse, évidemment !)

De toute évidence, avec les troupes, le courant passe. Même avec les vieux généraux qui n'avaient pas toujours vu d'un bon œil l'arrivée de ce jeune blanc-bec… «Nous avons trouvé notre maître», aurait dit Masséna, impressionné.

Bulletin de la Grande Armée

La conquête de la Lombardie

Bonaparte franchit les Alpes derrière lesquelles se tiennent l'armée piémontaise et l'armée autrichienne, avec au total des forces doubles des siennes. Il s'infiltre entre les deux, l'emporte sur la première puis, comme l'éclair, se retourne contre la seconde, qu'il défait au pont de Lodi.

La victoire de Lodi lui ouvre les portes de Milan. La Lombardie, libérée des Autrichiens, accueille notre jeune général comme un héros. Il peut se croire un temps Jules César, car on dresse pour lui des arcs de triomphe… en feuillage. On jette même des fleurs sur le passage de la troupe ! Vous imaginez ce que peut alors ressentir le jeune Bonaparte entrant dans la capitale lombarde à la tête de ses hommes, bercé par le tonnerre des vivats !

Il commence à croire en sa bonne étoile, sa destinée ce jour-là lui apparaît. Il connaît là un de ses plus merveilleux triomphes.

Il s'installe au palais de Montebello, fait venir la belle Joséphine (qui a le toupet de venir accompagnée d'un amant !). Il vit et agit comme un prince qu'il n'est pas encore, n'écoutant que lui-même, sans attendre l'avis du Directoire.

Aux princes de l'Italie centrale qui réclament la paix, il réclame, lui, des sommes énormes, aussi bien que des œuvres d'art, adressant le tout à Paris : des convois impressionnants passent ainsi les Alpes, chargés de trésors. Ils contribuent à forger la gloire de celui qui les envoie... et à gonfler les caisses du gouvernement toujours désespérément vides.

Sur le pont d'Arcole, il caracole

Le premier feu de l'enthousiasme passé, les Italiens commencent à en avoir vraiment assez de ces Français qui pillent leurs richesses, et puis les Autrichiens n'ont pas dit leur dernier mot. Ils viennent de remporter des victoires contre les armées de Jourdan et Marceau (deux généraux qui se battent en Allemagne), ce qui leur permet de concentrer des troupes vers l'Italie. Une bataille est livrée à Arcole.

Un grand moment de légende... L'armée française ne compte plus que 36 000 hommes. Face à eux, 60 000 Autrichiens ! Bonaparte encore une fois va montrer son courage et son génie guerrier. En une magnifique manœuvre, il prend l'armée autrichienne à revers au défilé d'Arcole. Cette fois-ci, il descend de cheval, se jette en avant un drapeau à la main (il semblerait que c'est à Joséphine que l'on doive cette image...) et s'élance malgré la mitraille ennemie, en criant : «Suivez votre général !» Toute cette scène se passe sur un pont ! Un jeune aide de camp qui, pour le protéger, se place devant lui, tombe foudroyé. Le général manque lui-même de se noyer dans les marais.

Les Autrichiens battent en retraite. Un peu plus tard, avec de gros renforts, ils tentent de nouveau leur chance et engagent une bataille à Rivoli au mois de janvier 1797. Ils sont battus à plate couture et poursuivis par l'armée française jusqu'à cent kilomètres de Vienne.

Un armistice est signé (l'armistice ce n'est pas la paix, c'est un accord passé entre deux belligérants — ici entre la France et l'Autriche — sous certaines conditions).

> ## Les conditions de l'armistice
>
> La France reçoit la Belgique et la rive gauche du Rhin cependant que la Lombardie devient la République cisalpine. Les possessions territoriales de Venise passent à l'Autriche.

Les Vénitiens se révoltent, ils signent ainsi, hélas, leur arrêt de mort. En représailles, Bonaparte pénètre avec ses troupes dans cette ville sublime, après avoir déclaré : «Je serai un Attila pour Venise.»

Heureusement, il ne met pas sa menace à exécution ! Finalement, la ville passe sous domination autrichienne, après le traité de Campoformio, le 17 octobre 1797.

Le 5 décembre, Bonaparte rentre à Paris qui l'attend en héros.

La Gazette de Paris

BONAPARTE VICTORIEUX A PARIS !

Paris offre à Bonaparte la fête la plus éclatante qu'ait vue la Révolution.

Dans la grande cour du Luxembourg, les chefs du Directoire ont revêtu leurs beaux habits de fête dessinés par David et attendent le général vainqueur de l'Italie. Les drapeaux conquis réunis en trophées flottent au vent de décembre, dans le soleil. Quel spectacle…

Bonaparte s'avance au son d'un hymne, le bruit du canon lointain scande son pas. Il est pâle, ses mains tremblent, il a gardé son simple uniforme de combat. Que c'est émouvant… Les Parisiens ont la gorge nouée. Ni applaudissements, ni murmures, un silence immense l'entoure. Soudain, une rumeur enfle, puis une acclamation fougueuse retentit. La foule massée hurle d'une seule voix : «Vive Bonaparte !» Aux discours et aux félicitations, Bonaparte répond sobrement. Il parle d'une voix brève. Il se félicite de la paix qui va rendre la prospérité à la République.

Suivi de cris enthousiastes, il regagne la rue Chantereine, rebaptisée en son honneur rue de la Victoire.

On raconte que durant toute la cérémonie, Bonaparte a gardé les yeux baissés. A votre avis par fausse modestie ?

Le mirage égyptien

Bonaparte mène une vie retirée et simple, comme un soldat en permission que ne dévorerait pas la moindre ambition. Un rien hypocrite, quand même, le camarade Bonaparte... Il y a peu de temps encore, il critiquait les Directeurs, les traitant de «petits esprits», pour ajouter aussitôt : «J'ai goûté du commandement et je ne saurais y renoncer.» A bon entendeur, salut...

Mais si les membres du Directoire sont de «petits esprits», comme il le prétend, ce ne sont pas des imbéciles pour autant. Ils comprennent bien que Bonaparte sous ses faux airs de sainte-nitouche représente un danger pour eux. Or comment évacuer un rival ? En l'expédiant le plus loin possible. En l'occurrence, ce sera... l'Egypte !

Pourquoi l'Egypte ?

Cela mérite une explication. L'Autriche vaincue, il reste à la France un seul adversaire - mais de taille - : l'Angleterre.

C'est même l'ennemi de toujours, on s'est battu cent ans contre elle, c'est vous dire ! Or, comme vous le savez, nos ennemis préférés vivent sur une île. Bonaparte sait que c'est presque «mission impossible» de débarquer outre-Manche.

Son petit carnet noir à la main, il a fait le tour des arsenaux et des magasins, notant les ressources de chaque port, interrogeant les matelots, les patrons, jusqu'aux contrebandiers, avant de reconnaître que notre flotte n'est plus en état : tout est vieux, dégradé, hors d'usage. Lui qui n'a connu que la victoire ne veut pas courir le risque d'une défaite, donc inutile d'insister, il n'attaquera pas directement les Anglais.

Mais comment les atteindre alors ?... Par l'Egypte, tout simplement mon cher Watson... Cette idée quelque peu saugrenue a germé dans le cerveau de notre fin stratège depuis un bon moment. Deux ans plus tôt (influencé peut-être par le tortueux Talleyrand), il écrivait «pour détruire véritablement l'Angleterre on devrait s'emparer de l'Egypte». Mais quel rapport ?

> Le commerce anglais avec l'Inde, vital pour les Britanniques, passe par l'Egypte. Conquérir l'Egypte, c'est donc couper cette route.

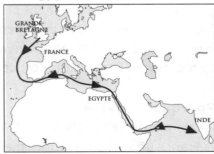

Bonaparte se rêve en nouvel Alexandre, en nouveau César. «Il faut aller en Orient, toutes les grandes gloires viennent de là», dit-il. Le Directoire se frotte les mains : le général va partir bien loin...

Seul petit problème : l'Egypte est en principe une dépendance de l'Empire ottoman, c'est-à-dire des Turcs qui sont nos amis depuis François Ier. Eh bien! Tant pis pour les Turcs. Tant pis aussi si on projette de faire de l'Egypte une colonie au moment même où la France proclame le droit des peuples à disposer d'eux-mêmes.

Secret défense

Personne ne doit être au courant. L'expédition est préparée dans le plus grand secret. Rien ne doit filtrer. C'est seulement en mer que la destination sera révélée aux troupes. Vous imaginez les conciliabules à bord des bateaux, les paris engagés... les paquetages préparés amoureusement par les petites femmes : «Chéri, je te mets une petite laine supplémentaire, car peut-être que là où tu vas les soirées sont fraîches...»

La rade de Toulon est entièrement couverte d'une flotte composée de treize vaisseaux, quatorze frégates, trois cents bâtiments de transport.

Avec lui, Bonaparte n'a pas seulement emmené des soldats, mais aussi toute une équipe de savants (pas moins de vingt et un mathématiciens), d'artistes (huit dessinateurs), d'hommes de lettres, et même un poète !

Comme il se doit, notre général monte à bord de l'*Orient*, le vaisseau amiral. Il est moins brillant sur mer que sur terre et passe une bonne partie de son temps allongé sur le pont ou dans sa cabine, se faisant lire des récits de voyage, la vie d'Alexandre, le Coran, afin de se mettre dans le «bain».

Nelson, le téméraire amiral britannique, est dans les parages. Il aimerait bien mettre en pièces notre escadre, mais joue de malheur. Une grande partie de cache-cache s'engage avec les Anglais sans que jamais ils ne puissent nous apercevoir. Voguant vers l'Egypte, notre flotte s'empare de Malte au passage.

Le Ier juillet 1798, par grosse mer, Bonaparte débarque à Alexandrie. La ville tombe au premier assaut.

Propagande

Bonaparte sait bien qu'une bonne partie du succès de l'entreprise tient à l'accueil des habitants.

Les Mameluks détiennent le pouvoir et sont très impopulaires. Il cherche donc à se concilier la population locale contre eux. En clair, il veut se mettre les Egyptiens dans la poche. Il se fait on ne peut plus obséquieux : «Peuples d'Egypte, on dira que je viens pour détruire votre religion : ne le croyez

> Moi grand sorcier blanc !

pas ! Répondez que je viens vous restituer vos droits, punir les usurpateurs, et que je respecte, plus que les Mameluks, Dieu, son prophète et l'Alcoran.»

Oui, seulement voilà, au même moment le général Dupuy écrit : «Nous trompons les Egyptiens par un simulé attachement à leur religion à laquelle Bonaparte et nous ne croyons pas plus qu'à celle de Pie le défunt.»

Sous le soleil et les Pyramides

Juillet... Un mois merveilleux pour voyager ! Le mois des vacances, du soleil, de la chaleur. Oui, mais en Egypte, les mois d'été sont insupportables, c'est la canicule, la chaleur est écrasante. D'Alexandrie, l'armée qui se dirige sur le Caire, marche à travers le désert. Les beaux

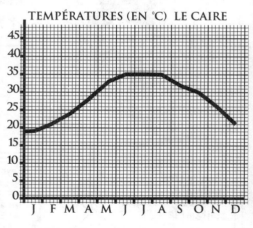

TEMPÉRATURES (EN °C) LE CAIRE

costumes des soldats ne sont pas vraiment prévus pour les grosses chaleurs, l'intendance ne transporte ni glacières ni boissons fraîches, les crèmes solaires n'existent pas, pas plus que les lunettes de soleil. La soif, les insolations, le manque de vivres, la dysenterie éprouvent plus cruellement l'armée que les escarmouches avec l'ennemi.

Enfin, ils arrivent en vue du Caire. Une bataille suffit au pied des pyramides de Gizeh pour mettre les Mameluks en déroute. «Soldats, songez que du haut de ces pyramides, quarante siècles vous contemplent.» La phrase est bien balancée mais Bonaparte ne l'a jamais prononcée... Comme tant d'autres, il l'a simplement imaginée et dictée à Sainte-Hélène.

Enfin, tout irait pour le mieux si Nelson n'avait fini par dénicher la flotte française dans la rade d'Aboukir. Il la détruit in-té-gra-le-ment. Du même coup, l'armée française se retrouve prisonnière du pays qu'elle a conquis.

Fichu coup ! L'armée a le moral à zéro.

En attendant la reprise des batailles

Bonaparte n'est pas homme à désespérer. Dans un premier temps, il cherche à occuper l'armée à des travaux de fortifications, des défilés militaires, des expéditions de détails...

Les 12 travaux d'Egypte !...

Peu à peu, son imagination foisonnante, son ingéniosité, son art de l'organisation le poussent à développer les ressources immenses de l'Egypte.

En homme énergique, il réforme l'administration, crée une police, établit des tribunaux, installe des poudrières, des fonderies, des arsenaux, des moulins (qui fascinent la population), des fours à pain, une imprimerie, des journaux. Il améliore l'agriculture et décide même d'organiser le nivellement de l'isthme de Suez, en prévision du percement d'un canal qui permettrait aux bateaux d'aller de Suez à Alexandrie... Soucieux des choses de l'esprit, il fonde « l'Institut d'Egypte».

Il sait d'un même coup occuper ses hommes et séduire les Egyptiens.

Peste à Jaffa

Mais les Turcs réagissent... (vous vous rappelez comment nous nous sommes approprié un peu rapidement et sans beaucoup de scrupules l'Egypte sous domination turque). Depuis Constantinople, le sultan appelle les Egyptiens à se révolter contre l'envahisseur, ce qu'ils font en massacrant plus de trois cents soldats. La réaction de Bonaparte ne se fait pas attendre : il fait bombarder la grande mosquée d'El-Ahzar. La situation «se corse».

Bientôt, Bonaparte doit gagner la Syrie pour aller à la rencontre de l'armée que l'ennemi envoie contre lui (entraînée par les Anglais et les Autrichiens, bien sûr). S'il s'empare de Gaza et de Jaffa, il échoue devant Saint-Jean-d'Acre, défendu par Phélippeaux, un ancien condisciple de Brienne (les cours n'avaient pas dû être mauvais...). Premier échec cuisant (c'est le cas de le dire). Las de cette campagne qui n'en finit pas, écrasés par la chaleur, les soldats n'en peuvent plus. La peste fait des ravages.

Un célèbre tableau du peintre Gros représente Bonaparte au milieu des pestiférés, les touchant comme le faisaient certains rois autrefois... Inventée de toutes pièces, cette scène a forgé l'image de notre héros.

A peine est-il rentré au Caire qu'il apprend qu'une autre armée turque a débarqué... à Aboukir ! Encore ! Bonaparte l'anéantit, prenant ainsi une revanche superbe.

Revoir Paris

L'Egypte c'est bien beau, accumuler des victoires, c'est bien joli mais Bonaparte commence à tourner en rond. Depuis quelque temps il songe à rentrer en France. D'autant que les nouvelles qui lui parviennent ne sont guère fameuses. La guerre a repris, l'Italie est perdue, Paris bruit de rumeurs de coups d'Etat. Et les ennemis de Bonaparte font tout pour présenter la campagne d'Egypte sous son côté le plus sombre : soldats mourant de la peste, ou massacrés par les Turcs, défaite d'Aboukir. En choisissant de rentrer, Bonaparte veut renouer avec son destin.

Comme il est venu, il repart, c'est-à-dire dans le plus grand secret. On ne peut s'empêcher de penser que son retour est une évasion, pour ne pas dire une désertion.

Même Kléber, à qui il confie le commandement en chef de l'armée, n'apprendra qu'après coup la nouvelle du départ de son chef.

Il s'embarque avec ses proches sur deux petites frégates et sans encombre vogue vers la France. Au passage, il s'arrête en Corse, jette l'ancre dans la baie d'Ajaccio. Il ne sait pas que c'est la dernière fois qu'il voit son île natale.

Le 9 octobre 1799, il remet le pied sur le sol français.

L'Egypte

1 A quelle époque a été construite la pyramide de Chéops à Gizeh ?

- A   Vers 5500 av. J.-C.
- B   Vers 2550 av. J.-C.
- C   Vers 450 av. J.-C.

2 Combien faudrait-il empiler de chameaux pour atteindre son sommet ?

- A   70
- B   100
- C   110

3 Qu'est-ce-que la pierre de Rosette ?

- A   Une pierre précieuse
- B   Une stèle portant des inscriptions en hiéroglyphes
- C   Un marbre rose que l'on trouve en Egypte

4 Quel savant a publié, en 1802, «Voyage dans la Basse et la Haute Egypte pendant les campagnes du général Bonaparte» ?

- A   Jean-François Champollion
- B   Vivant Denon
- C   François-René de Chateaubriand

QUIZ

Réponses

1- B. 2- A. 3- B. 4- B.

Et l'Egypte envahit Paris

L'épopée égyptienne a laissé des traces. On ne compte plus les décors de lotus et les cartouches pharaoniques sur les monuments. Les fontaines édifiées dans la capitale s'ornent de motifs égyptiens.

Progressivement, pourtant, une autre inspiration s'est substituée à cette égyptomanie : le Consul puis l'Empereur privilégiant la référence à la Rome antique, un peu partout fleuriront les aigles et les arcs de triomphe.

42, rue de Sèvres (Paris)

Le coup d'Etat de Brumaire

Bonaparte est resté loin de Paris pendant plus d'un an. C'est très peu si on fait la somme des travaux entrepris en Egypte et des campagnes menées tous azimuts, mais cela fait beaucoup pour Joséphine qui n'a pas un grand penchant pour la fidélité.

Le clan Bonaparte n'a pas attendu pour dénoncer les frasques de l'infidèle... Re-scène de ménage... re-réconciliation... mais ce n'est pas, et de loin, le principal sujet de tourment du fringant guerrier. Il ne rentre pas en France pour morigéner sa femme.

Il sent bien que le pouvoir est à la portée de celui qui voudra le prendre. L'ennemi menace, la crise économique sévit, la confusion politique est grande. Beaucoup parlent de révision constitutionnelle, de changement de régime. Bref, c'est un peu la paralysie, et beaucoup la pagaille.

LE POUVOIR LEGISLATIF SOUS LA CONSTITUTION DE L'AN III

Le Conseil des Cinq Cents propose les lois.

Le Conseil des Anciens vote les lois.

Dès son arrivée à Paris, avec son frère Lucien et Sieyès, l'un des Directeurs, notre héros prépare un coup d'Etat. Un mois plus tard, tout est prêt.

Sous la menace
d'un faux complot

18 brumaire an VIII, le jour se lève. Il fait froid. Quelques gelées blanches recouvrent Paris. Autour de Bonaparte, rue de la Victoire, plusieurs officiers se pressent. Le général tente encore de convaincre Bernadotte de se joindre au mouvement :

Bonaparte

Le Directoire gouverne mal: il détruirait la République si nous n'y prenions pas garde... Le Conseil des Anciens m'a nommé commandant de Paris, de la Garde nationale, de toutes les troupes de la division: allez mettre votre uniforme, vous me joindrez aux Tuileries où je vais de ce pas.

Bernadotte

Je ne veux pas prendre part à une rébellion !

L M M J V S D
1 2 3 4 5
6 7 8 9 10 11 12
13 14 15 16 17 18 19
20 21 22 23 24 25 26
27 28 29 30 31

18 BRUMAIRE AN VIII

L M M J V S D
1 2
3 4 5 6 7 8 9
10 11 12 13 14 15 16
17 18 19 20 21 22 23
24 25 26 27 28

Brumaire : du 22 octobre au 21 novembre

Bonaparte

Une rébellion, une rébellion ? Contre un tas d'imbéciles, des gens qui avocassent du matin au soir dans leurs taudis !

Les Anciens sont réunis aux Tuileries. A l'ouverture de la séance, l'un de ses membres, un complice de Bonaparte, vient à la tribune et déclare qu'un complot menace la République, qu'il faut décréter le transfert des députés à Saint-Cloud pour les protéger. C'est bien sûr un piège car, là-bas, Bonaparte pourra plus facilement agir : on vient de lui confier la garde du corps législatif. Le décret de transfert est voté et Bonaparte, satisfait, peut s'exclamer : «Représentants, la République périssait, votre décret vient de la sauver.»

Quelques instants plus tard, dans le jardin des Tuileries, il avise le secrétaire de Barras. Devant les troupes assemblées, il lui tient un discours pompeux qui restera fort célèbre :

«Qu'avez-vous fait de cette France que j'avais laissée si brillante ? J'avais laissé la paix, j'ai retrouvé la guerre ; j'avais laissé des victoires, j'ai retrouvé des revers ; j'avais laissé les millions de l'Italie, j'ai retrouvé des lois spoliatrices et la misère !... Un tel état de choses ne peut durer ; avant trois ans, il nous mènerait au despotisme.»

Je…je…je… Ce n'est pas la modestie qui l'étouffe. Mais ce texte, qui avait de quoi frapper les esprits, avait été soigneusement préparé. Aussitôt, il est porté aux journaux pour qu'ils l'impriment et le diffusent…

Le matin même, devant les Cinq-Cents — l'autre assemblée —, Lucien lit le décret de transfert du corps législatif à Saint-Cloud. Quelques protestations, pas de résistance : le tour est joué. L'essentiel du premier acte est achevé. Les Directeurs ont démissionné. Bonaparte passe son après-midi en entretiens.

Le soir, il peut soupirer : «Cela n'a pas été trop mal aujourd'hui ; nous verrons demain.» Prudent, il s'endort quand même avec deux pistolets à ses côtés. On ne sait jamais.

Le jour J

Le lendemain, 19 brumaire, comme convenu, les deux assemblées se réunissent au château de Saint-Cloud, les Cinq-Cents dans l'Orangerie, les Anciens dans la galerie d'Apollon.

Pendant qu'aux Anciens la discussion s'engage, Bonaparte tourne en rond, s'impatiente dans une pièce voisine. N'en pouvant plus, il entre dans l'enceinte brusquement et, fort en colère, il commence à parler. Mais il a plus l'habitude de s'adresser à des soldats qu'à des députés. Il trébuche sur les mots, s'emmêle les pédales avant de déclarer : «Souvenez-vous que je marche accompagné du dieu de la fortune et du dieu de la guerre.» (Il manque d'imagination le bonhomme, il avait déjà prononcé cette phrase devant les musulmans au Caire.)

Bourrienne lui souffle à voix basse : «Sortez, mon général, vous ne savez plus ce que vous dites.» Le général quitte la salle.

Lorsqu'il se présente devant les Cinq-Cents, tout autour de

_ version officielle _

lui, les cris fusent : «A bas le dictateur! A bas le tyran! Hors-la-loi !» On le prend au collet, on le pousse. Bonaparte blêmit, manque de s'évanouir. Sur sa joue un mince filet de sang coule. Mais ce ne sont que des boutons qu'il vient de gratter fébrilement. Qu'importe! On pourra prétexter que des députés ont voulu l'assassiner...

Bonaparte est extirpé de la mêlée par ses aides de camp

tandis que Lucien tente désespérément de le défendre... jusqu'à ce que des soldats viennent le chercher à son tour.

Dehors, le frère de Napoléon saute à cheval, harangue les troupes : «Soldats, le président du Conseil des Cinq-Cents vous déclare que l'immense majorité de ce Conseil est pour le moment sous la terreur de quelques représentants à stylets qui assiègent la tribune, présentent la mort à leurs collègues [...] Je confie aux guerriers le soin de délivrer la majorité de leurs représentants [...] Quant à ceux qui persisteront à rester dans l'Orangerie, que la force les expulse !...»

- version réelle -

L'armée s'élance, au son des tambours. Murat s'écrie : «Foutez-moi tout ce monde-là dehors.» Les représentants du peuple sont dispersés.

Dans la soirée, en présence de députés que l'on est allé chercher pour donner un semblant de légalité à l'opération, est voté le remplacement du Directoire par trois consuls : Sieyès, Ducos et Bonaparte.

Le coup d'Etat a réussi. Et Paris n'a pas bougé.

La version de Bonaparte

Au lendemain du coup d'Etat, des affiches recouvriront la capitale. Bonaparte y raconte à sa manière les événements du 19 Brumaire.

PROCLAMATION
DU GÉNÉRAL EN CHEF
BONAPARTE

Le 19 Brumaire, onze heures du soir

Je me présente au Conseil des Cinq-Cents, seul, sans armes, la tête découverte [...] ; je venais rappeler à la majorité ses volontés et l'assurer de son pouvoir. Les stylets qui mena-çaient les députés sont aussitôt levés sur leur libérateur; vingt assassins se précipitent sur moi et cherchent ma poitrine, les grenadiers du corps législatif que j'avais laissés à la porte de la salle, accourent, se mettent entre les assassins et moi. L'un de ces braves grenadiers est frappé d'un coup de stylet dont ses habits sont percés. Ils m'enlèvent...

Sacré Bonaparte, c'est ce qu'on appelle réécrire l'histoire, non ?

Le héros du jour

Mais qui est donc ce brave grenadier, dont parle la proclamation de Bonaparte, qui sauve peut-être la vie du général en s'interposant devant lui ? Il s'agit du sous-lieutenant Barthe de la 96ᵉ demi-brigade.

Un héros, croyez-vous ?

Il semblerait, en fait, que l'éraflure reçue alors par le grenadier n'ait été provoquée que par un clou auquel son habit se serait accroché…

Mais le récit est tellement plus dramatique ainsi. Barthe y gagne une pension. Pension qu'il aura même le culot de réclamer… sous la Restauration, alors que Napoléon est en exil et que la France est à nouveau gouvernée par un roi…

Anagramme

Savez-vous ce qu'est une anagramme ?
Prenez un ou plusieurs mots, mélangez les lettres… et trouvez d'autres mots.
A vous de jouer ! Cherchez une anagramme à
«Révolution française»

Pour vous aider : essayez de compléter les mots ci-dessous :
U. v.t. c..s. l. f.n..a

Solution

Un veto corse la finira

«Nous avons fini le roman de la Révolution :
il faut en commencer l'histoire.»

Du Consulat à l'Empire

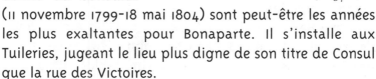

Les quatre années et demie du Consulat (11 novembre 1799-18 mai 1804) sont peut-être les années les plus exaltantes pour Bonaparte. Il s'installe aux Tuileries, jugeant le lieu plus digne de son titre de Consul que la rue des Victoires.

Il entend fonder un Etat moderne. L'activité déployée est phénoménale : en quelques mois, il réforme l'administration, la justice, la finance. Principal monument du Consulat, le fameux Code civil, publié en 1804, est un recueil des lois qui concernent la famille de la naissance à la mort : pas moins de 2 281 articles dont la plupart sont encore en vigueur aujourd'hui.

Lui qui aime commander, entreprendre, organiser, il a les pleins pouvoirs. Heu-reux, il est heureux...

Tout le monde est aux ordres d'un jeune homme de 30 ans : ministres, préfets, sous-préfets, maires. Et le peuple ? Il est aux ordres aussi. Le suffrage universel qu'il vient d'obtenir ? De la poudre aux yeux, car le système électoral qui est établi instaure un suffrage indirect — on vote pour des gens qui à leur tour voteront pour des gens... — étroitement contrôlé par le gouvernement. Les nouvelles institutions reflètent bien la maxime de Siéyès : «La confiance doit venir d'en bas, et le pouvoir d'en haut.»

Campagne d'Italie, le retour

Mais pendant ce temps, l'Autriche et l'Angleterre complotent... Bonaparte ne sera donc jamais tranquille... Il faut qu'il reparte en Italie remettre un peu d'ordre. Ce n'est pas qu'il aime particulièrement les grandes expéditions, merci, il a déjà donné. Mais quand il le faut, il le faut.

Comme Hannibal, il franchit à son tour les Alpes. Point d'éléphants, et, pour Bonaparte, point d'élégantes montures, ainsi que le représente le célèbre tableau de David, cape dans le vent, le doigt pointé vers le col, beau comme un dieu. Non, encore une fois la réalité est moins glorieuse puisque c'est sur un mulet que notre fringant cavalier passe le col du Grand-Saint-Bernard. A cette époque de l'année, nous sommes au mois de mai, le col est enneigé. Une armée, ce sont des milliers d'hommes, des chevaux, des canons, toute une intendance lourde à porter et à transporter.

Le passage du col du Grand-Saint-Bernard

Il faut se garder des avalanches, éviter les chutes dans les ravins, franchir des passages escarpés. Epuisant et dangereux mais d'une grande efficacité pour surprendre les Autrichiens.

Bulletin de la Grande Armée.

La bataille de Marengo

Le col franchi, l'armée fonce sur l'ennemi. Mais là notre général commet une erreur. Il disperse trop ses troupes et lorsque le combat s'engage dans la plaine de Marengo, ils se battent à un contre trois. Commencée à l'aube du 14 juin, au milieu de la journée la bataille semble perdue : l'armée française recule, lorsque soudain… surgit le corps d'armée de Desaix. Son arrivée change le cours des événements : les Autrichiens se débandent. Desaix, lui, est tué pendant la charge.

Les mauvaises nouvelles allant souvent plus vite que les bonnes, à Paris, certains, sûrs de la défaite, sont déjà candidats à la succession. Le Premier consul comprend qu'il lui faudra indéfiniment vaincre ou partir.

Paix aux frontières

Dans la foulée, quelques mois plus tard, après une nouvelle victoire sur les Autrichiens remportée par Moreau, est signée la paix de Lunéville qui entérine les acquis de Campoformio — Belgique, Luxembourg et rive gauche du Rhin — et reconnaît la domination française sur les Républiques batave, suisse et cisalpine.

L'Angleterre, désormais seule à continuer la lutte, choisit la négociation. Il faudra attendre mars 1802 pour que soit signée la paix d'Amiens qui scellera le retour à la paix.

Bonaparte, dans une *Adresse aux Français,* peut s'exclamer : «Vous l'avez enfin tout entière, cette paix que vous avez méritée par de si longs et si généreux efforts... A la gloire des combats, faisons succéder une gloire plus douce pour les citoyens, moins redoutable pour nos voisins. Apprenons aux générations naissantes à chérir nos institutions et nos lois...»

L'attentat de la rue Saint-Nicaise

Ouf ! c'en est fait de la guerre, des campagnes et des expéditions. Bonaparte aspire à un peu de calme. Il désire vraiment se reposer sur ses lauriers... Mais tel n'est pas son destin.

Le 24 décembre 1800, alors que Bonaparte se rend en voiture à l'Opéra, une machine infernale – un baril de poudre, de balles et de mitraille – explose sur son passage. L'attentat fait vingt morts et une cinquantaine de blessés.

Bonaparte en profite pour mener une répression contre les républicains susceptibles encore de s'agiter. Puis son ministre de la Police, Fouché, lui ayant fourni la preuve que l'attentat avait été fomenté par les royalistes, il châtie les vrais coupables (à dire vrai, ceux-ci n'ont

plus les moyens de mener une vraie guerre). En bon diplomate, Bonaparte saura désamorcer une bonne partie de cette opposition nostalgique de l'Ancien Régime en signant avec le pape un Concordat qui rétablit la paix religieuse en France. Les nobles émigrés sont conviés à rentrer au pays.

Etre roi, sans l'être, tout en l'étant

Consul, oui, mais pour combien de temps ? Là est la question.

La gloire du Premier consul est grande. Le Sénat lui offre une prolongation de dix ans de son pouvoir. Bonaparte songe à refuser. On est en démocratie, oui ou non ? Alors proposons un vote à la nation sur la question : «Napoléon Bonaparte sera-t-il Consul à vie ?» La réponse du peuple est unanime : 3 600 000 «oui» contre seulement 8 000 «non»... C'est un triomphe — un peu trop même — qui, à première vue, pourrait paraître louche ! Après enquête, de notre part, il semblerait que les soldats, par exemple, aient été quelque peu influencés. Stanislas de Girardin rapporte : «Un de nos généraux a fait assembler les soldats placés sous ses ordres et leur a dit : "Camarades, il est question de nommer le général Bonaparte consul à vie. Les opinions sont libres; cependant, je dois vous prévenir que le premier d'entre vous qui ne votera pas pour le consulat à vie, je le fais fusiller à la tête du régiment"».

Une démocratie encore bien balbutiante...

Enfin, le voilà Consul à vie, notre glorieux général. Il n'est pas roi mais se conduit désormais comme tel. Monsieur ne circule plus que dans des voitures superbes escortées de sa garde consulaire, ne porte plus que des bas de soie et ne craint pas d'arborer au pommeau de son épée l'un des plus beaux joyaux de l'Ancien Régime, le «Régent», un sublime diamant. On voit réapparaître costumes de cour, étiquette et livrées. Evidemment, il faut oublier le tutoiement révolutionnaire et, comble de gloire, on frappe monnaie à son effigie et on instaure la Saint-Napoléon le 15 août.

La France se détend, respire et sourit... Tout va bien, l'administration est active, le budget est équilibré.

La Légion d'honneur

Bonaparte institue la Légion d'honneur pour remplacer les ordres royaux. Sa création est contestée par tous ceux qui y voient une atteinte au principe égalitaire. Mais vous en connaissez beaucoup, vous, des gens qui refusent les distinctions ?

Reprise de la guerre

Tout va bien, tout va bien, c'est vite dit... Les Anglais s'agitent, ils n'ont pas signé la paix sans arrière-pensées : «Réservons nos forces pour des occasions futures, quand nous pourrons reprendre l'offensive avec succès», se disaient-ils. Il faut croire qu'ils estiment le moment venu puisque ce sont eux qui finalement rompent la trêve.

Bonaparte en revient à son premier rêve : débarquer en Angleterre. Il rassemble à Boulogne une fantastique armée de 150 000 hommes. Il arme des navires dans tous les ports de France. Optimiste, il compare alors la Manche à un «fossé qui sera franchi».

Une ténébreuse affaire

La tension monte entre Londres et Paris. D'autant qu'en sous-main l'Angleterre manœuvre. Elle aide les royalistes, qui n'ont pas dit leur dernier mot, à organiser un complot contre Bonaparte. Mais la conspiration est éventée.

Cadoudal et Pichegru, ses chefs, sont arrêtés. On les interroge, on les torture et voilà qu'ils avouent qu'un prince français émigré devait donner le signal de l'attentat. S'agit-il de l'héritier des Condé, le jeune duc d'Enghien, émigré dans le proche pays de Bade ? Est-ce lui qu'attendaient les conspirateurs ?

Bonaparte ne cherche pas plus loin. Violant la neutralité du pays voisin, il fait enlever le jeune duc par une poignée d'hommes. On l'amène à Vincennes.

Un tribunal d'exception le juge sur-le-champ. La fosse est déjà creusée quand le verdict est prononcé. A deux heures du matin, le

8 mars 1804, le condamné est fusillé.

Un crime politique vient d'être commis.

Autre conséquence du climat de conspiration qui règne alors : certains membres de son entourage font valoir à Bonaparte que seule l'hérédité pourrait véritablement stabiliser son pouvoir. En mai 1804, le Premier consul, après les dernières hésitations, saute le pas : l'Empire est établi. Il sera ratifié peu après par un plébiscite rassemblant plus de 3,5 millions de voix (seulement 2 579 personnes votent contre !).

Sacré Napoléon

2 décembre 1804, onze heures du matin, c'est le grand jour. Paris, la France, l'Europe se penchent aux fenêtres ou se massent dans les rues. Les coups de canon répondent aux volées des cloches. Il fait un temps froid et sec. Bonaparte quitte les Tuileries pour Notre-Dame où le pape l'attend pour le sacrer.

Le cortège avance au pas. D'abord Murat, suivi des carabiniers, des chasseurs à cheval de la Garde, des cuirassiers, des mameluks. Puis, les voitures des grands dignitaires. Enfin, on voit apparaître un merveilleux carrosse de cristal et d'or, digne des contes de fées, tiré par huit chevaux caparaçonnés de blanc. On peut apercevoir Bonaparte, un peu pâle, vêtu d'un habit de velours cramoisi et or, coiffé d'une toque à plumes (!). A sa gauche est assise Joséphine, en satin ivoire, ruisselante de diamants... En face d'eux, l'air indifférent, se tiennent Joseph et Louis.

Pour se faire sacrer empereur, Bonaparte n'a pas hésité à faire venir le pape ; mais comme il ne veut pas lui donner une trop grande importance, il s'est arrangé pour que le souverain pontife arrive à pied dans la cathédrale, tout simplement en aménageant entre l'archevêché (où le pape se prépare) et la cathédrale (où il doit se rendre) une galerie de bois très étroite qui ne peut laisser passer le siège traditionnel. Il ira à pied.

Campagne de pub

Ce n'est pas seulement sur les champs de bataille que Napoléon montre du talent. Il a aussi le génie de la propagande et de la publicité. Bien sûr la photographie n'existe pas encore, mais la peinture est là, au service des grands de ce monde. Des peintres, il y en a toute une ribambelle prêts à couvrir des toiles immenses pour raconter les hauts faits historiques à la gloire du grand homme.

David vient d'être nommé premier peintre de l'Empereur. En artiste consciencieux, il lui faut trois ans pour peindre «Le Sacre de Napoléon Ier» sur une immense toile de 6 mètres de hauteur et de 10 mètres de largeur !

Il ne manque pas une abeille d'or brodée sur le somptueux costume de velours pourpre doublé d'hermine de l'Empereur, ni un diamant sur la couronne de l'Impératrice.

Le peintre représente l'instant où Napoléon dépose la couronne sur la tête de sa femme.

Il semble que c'est Joséphine elle-même qui suggère cette idée au peintre afin de se trouver juste au milieu du tableau ! Napoléon debout domine la situation. Pas fou ce sacré Napoléon. Le pape, assis dans son coin, semble impuissant. Il est là pour la «galerie».

Pour la petite histoire, Letizia, la mamma, qui figure bien en vue dans une tribune au centre du tableau, n'est pas là le jour du sacre. Elle est à Rome. Quant à Lucien et à Jérôme, ils font aussi leur mauvaise tête...

Napoléon est malgré tout sur un petit nuage... Il ne peut s'empêcher de murmurer à l'oreille de son frère aîné : «Joseph, si notre père nous voyait !» Il a 35 ans. Depuis presque cinq ans il dirige la France en maître.

Anagramme

Napoléon, empereur des Français

.n p.p. s..f a s.cr. .e n..r d.m..

Solution

Un pape sert a sacré le noir démon.

Portrait d'un grand homme

L'Empereur croit en lui et en sa bonne étoile. «Après Lodi, dira-t-il, je me regardai non plus comme un simple général mais comme un homme appelé à influer sur le sort d'un peuple. Il me vint à l'idée que je pourrais bien devenir un acteur décisif sur notre scène politique.»

Il est bien sûr de lui, notre homme, non ? Mais après tout, l'avenir lui a donné raison. C'est un peu facile, me direz-vous, de dévoiler ses sentiments après coup, lorsque les prédictions se réalisent. Détrompez-vous ! Dès l'Italie et l'Egypte, c'est-à-dire très tôt dans sa carrière, ses proches attestent tous qu'il croyait vraiment en son destin. D'où toutes ces phrases pompeuses, du genre «Je ne crois que dans la postérité», «La mort n'est rien, mais vivre vaincu et sans gloire, c'est mourir tous les jours». Un vrai dictionnaire de citations...

Cela ne l'empêche pas - et finalement il en est plus sympathique - d'avoir ses moments de doute, lui aussi. Au Caire, alors qu'il vient d'apprendre l'une des infidélités de Joséphine, le voici soudain abattu : «J'ai besoin de solitude et d'isolement. Les grandeurs m'ennuient, le sentiment est desséché. La gloire est fade. A 29 ans, j'ai tout épuisé.»

Un bourreau de travail

Ça, pour travailler, il travaille... des heures et des heures, des nuits et des nuits. Il a une énergie incroyable. Il classe les affaires et les problèmes avec une rapidité d'esprit hors du commun. Il dicte à ses secrétaires de sa voix vive et saccadée, toujours en marchant, plusieurs lettres en même temps. Dévore en quelques minutes son déjeuner frugal, arrosé de son vin préféré, le chambertin. La nuit, il n'hésite pas à réveiller son entourage pour traiter d'une question. Il est épuisant.

La presse et son entourage n'hésitent pas à en rajouter.

«Telle était l'organisation privilégiée de cet homme extraordinaire en tout qu'il pouvait dormir une heure, être réveillé par un ordre à donner, se rendormir, être réveillé de nouveau, sans que son repos ni sa santé en souffrissent. Six heures de sommeil lui suffisaient, soit qu'il les prît de suite, soit qu'il dormît à divers intervalles durant vingt-quatre heures.» (Général Gourgaud)

LE COURRIER DE
L'ARMÉE D'ITALIE

Il vole comme l'éclair et frappe comme la foudre. Il est partout et il voit tout.

Supernapo!

LE JOURNAL DE PARIS

La force prodigieuse des organes du Premier consul lui permet dix-huit heures de travail par jour, elle lui permet de fixer son attention pendant ces dix-huit heures sur une même affaire ou de l'attacher successivement à vingt, sans que la difficulté ou la fatigue d'aucune embarrasse l'examen d'une autre ; la force d'organisation qui lui est propre lui permet de voir au-delà de toutes les affaires, en traitant chaque affaire.

Un fichu caractère

Napoléon est très coléreux. Un témoin le décrit ainsi : «Quand il était excité par quelque passion violente, sa figure prenait une expression sévère et même terrible. Il s'exerçait comme un mouvement de rotation sensible sur son front et entre ses sourcils; ses yeux lançaient des éclairs. Les ailes du nez se dilataient, gonflées par l'orage intérieur; mais ces mouvements passagers, quelle que fût leur cause, ne portaient point de désordre dans son esprit.

Il paraissait en régler à son gré les explosions qui, du reste, avec le temps, devinrent de plus en plus rares.»

Un goujat ?

Il ne s'embarrasse jamais des plus élémentaires convenances et se comporte parfois en parfait mufle. A une femme qu'on lui présente, il assène : «Mais on m'avait dit que vous étiez belle ! »

Une autre fois, alors qu'il s'adresse en public à la femme d'un de ses généraux — une Allemande — «Oh! Madame, quelle horreur que votre robe ! C'est tout à fait vieille tapisserie. C'est bien là le goût allemand.» Celle-ci, heureusement, lui rétorque du tac-au-tac : «Je ne sais si la robe était dans le goût allemand, mais ce que je sais mieux, c'est que ce compliment n'était pas dans le goût français.»

Un brin misogyne Napoléon, n'est-ce pas ?

Le petit caporal

Si Joséphine porte des toilettes somptueuses brodées d'or ou d'argent, ornées de nacre et de dentelles, si ses frères et sœurs aiment le luxe, si ses maréchaux dépensent à tout va, l'Empereur, lui, reste fidèle à une mise sobre. Au point que sa redingote grise et son bicorne sans galons (il en achetait quatre par an), juste piqué d'une cocarde tricolore, finiront par lui dessiner une silhouette légendaire.

Toute sa vie il reste un militaire proche de ses soldats. Tout le monde connaît le geste de Napoléon, tirant la moustache, pinçant l'oreille de ses grognards. On raconte que, la nuit, il parcourt les bivouacs, discute çà et là, s'arrête devant les feux, demande ce qui bout dans la marmite, pouffe aux réponses qu'il reçoit et s'amuse des propos et des quolibets de ses soldats.

L'esprit de famille

C'est vrai, Napoléon a le sens de la famille. Il s'est toujours occupé des siens, s'efforçant de les faire vivre même au temps des vaches maigres. Déjà, à la mort de son père, encore jeune adolescent, il avait déclaré que si Joseph était l'aîné, c'est lui désormais qui serait le chef de famille.

Devenu empereur, il comble ses frères et sœurs de biens, de pensions, de titres. Ce n'est pas négligeable. Mais en contrepartie il exige une totale soumission de leur part. Ainsi, ils ne peuvent rien faire sans son autorisation. Il est celui qui décide de tout. Louis, son frère, et Hortense de Beauharnais, la fille de Joséphine, se sont mariés sur son ordre alors que les deux clans (Bonaparte et Beauharnais) se détestent. Le premier surnomme le second «la Beauharnaille». Le mariage n'est pas une réussite. On s'en serait douté !

De même lorsqu'il apprend que son frère Jérôme a épousé Miss Patterson,

une Américaine, sans son autorisation, il décrète la nullité du mariage. Jérôme en bon petit frère obéissant s'incline et se sépare de sa femme. C'est pousser l'esprit de famille un peu loin. «Tout le monde sait que, hors de moi, vous n'êtes rien», écrit-il à Louis, alors roi de Hollande. Un peu humiliant, non ?

Qui suis-je?

Mon beau-père fut également mon beau-frère. Normal puisque ma mère était la belle-sœur de mon mari. J'ai été reine, mon fils sera empereur. Etonnant destin, non, alors que mon père, lui, était monté sur l'échafaud pendant la Révolution.
Mais pour tout vous dire, je me suis mariée contre mon gré, sur ordre de Napoléon. Et j'ai été bien aise lorsqu'il m'a enfin autorisée à regagner Paris. Après la fin de l'Empire, j'ai surtout vécu au château d'Arenberg, au bord du lac de Constance.

Réponse

Hortense de Beauharnais.

● ●

Saviez-vous que Napoléon

Adorait le parmesan
Passait des heures dans des bains bouillants
Voyait mal et portait souvent des lunettes
N'hésitait pas à jeter les livres par la portière de sa
voiture lorsqu'il les avait achevés
Ecrivait comme un cochon, à preuve cette lettre
bourrée de fautes d'orthographe adressée à
Joséphine :
«Par quel ars as-tu su capetiver toutes mes facultés,
concentrer en toi mon existence morale... Vivre par
Joséphine, voilà l'histoire de ma vie... Je me meur
pour taprocher... Que de tans, avant que tu lises ces
caractaire, faibles expression d'une ame emue ou tu
regne !»

Incroyable, non ?

● ●

Trafalgar et Austerlitz

Vous vous rappelez le vieux rêve de Bonaparte ? Débarquer en Angleterre.

Mais les Britanniques tiennent fermement la Manche. En petit futé l'Empereur imagine une ruse : une escadre franco-espagnole (commandée par l'amiral Villeneuve) se dirigerait vers les Antilles afin de forcer les Anglais à la poursuivre, donc à disperser leurs forces. Bien vu, mais le piège ne fonctionne pas. Les Anglais sont bien trop prudents. Ils savent que c'est à l'entrée de la Manche qu'il importe d'avoir la supériorité décisive, car si les Français sont maîtres du «Channel», l'Angleterre est perdue.

Touché-coulé

L'amiral Villeneuve, de retour des Antilles, s'enferme dans la rade de Cadix, en Espagne. Bien qu'il commence à comprendre que l'invasion de l'Angleterre est désormais impossible, Napoléon, furieux, le somme de sortir et d'affronter l'ennemi.

Villeneuve, un moment hésitant, lève l'ancre. Au large du cap Trafalgar, la flotte anglaise, commandée par l'amiral Nelson, l'attaque sur le flanc, alors que ses navires s'étirent sur une douzaine de kilomètres. C'est un désastre total ! Villeneuve est fait prisonnier. Quelques mois après il se suicidera, désespéré de survivre à une telle humiliation. Quant à Nelson, blessé à mort pendant la bataille, il a le temps de murmurer : «Dieu merci, j'ai fait mon devoir.»

Ainsi que le proclamera un Anglais : «En ce dernier combat, Nelson obscurcit de la fumée de Trafalgar le soleil d'Austerlitz.»

«J'étais à Austerlitz»

Avec application, le soldat Walthery trempe sa plume dans le petit encrier que l'un de ses compagnons lui a prêté. Il réfléchit un instant, se remémore cette incroyable journée qu'il veut maintenant raconter à ses parents. Sûr

qu'ils seront fiers au pays ! Encore un peu d'hésitation, et Walthery se met à écrire. La plume crisse affreusement sur le papier :

Je vais vous parler du combat d'Esterlix, le plus fort des combats que l'on ait jamais entendu parler, que les trois empereurs y étaient en personne : l'empereur de Russie, l'empereur de Vienne, l'empereur des Français. L'empereur des Français a fait commencer le feu à 6 heures du matin. [...] Je vous dirai que j'ai eu mon cheval tué dans la bataille d'Esterlix et j'ai bien manqué de périr. Mais j'ai eu le bonheur de remonter sur le cheval d'un dragon qui venait d'être coupé en deux, d'un boulet de canon. [...] On a enterré pendant 15 jours des corps morts. Mais c'est bien glorieux pour moi d'avoir été à tant de combats, avoir eu mon cheval tué sans avoir aucune blessure.»

Walthery n'est pas très fort en orthographe... Mais pensez que ce garçon n'a certainement pas étudié bien longtemps. Qu'importe ! Il a compris que la bataille qu'il venait de vivre resterait gravée dans les mémoires comme l'un des temps forts de l'Empire.

Et comme tous les soldats, il garde certainement en tête les paroles de Napoléon au soir de la victoire : «Soldats, je suis content de vous. Vous avez décoré vos aigles d'une immense gloire. Lorsque tout ce qui est nécessaire pour assurer le bonheur et la postérité de notre patrie sera accompli, je vous ramènerai en France. Là vous serez l'objet de mes plus tendres sollicitudes. Mon peuple vous reverra avec joie, et il vous suffira de dire : "J'étais à la bataille d'Austerlitz", pour que l'on vous réponde : "Voilà un brave"».

Le piège

Essayons à présent de comprendre comment tout cela s'est déroulé.

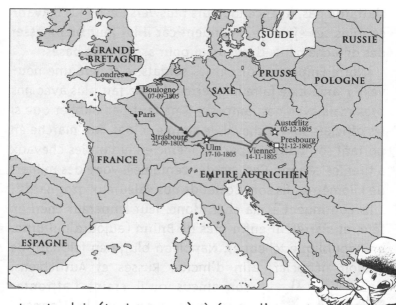

Les Anglais (toujours eux), à force d'argent, sont parvenus à monter une nouvelle coalition contre la France. Elle comprend les Russes, les

Autrichiens et le royaume de Naples.
L'Empereur ordonne à ses troupes, jusqu'alors cantonnées à Boulogne dans l'at-
tente d'un débarquement en Angleterre
(qui n'aura jamais lieu !), de s'ébranler vers l'Allemagne.
Les opérations sont menées tambour battant.

Dès le 20 octobre, le général autrichien Mack, encerclé
dans Ulm, doit capituler. L'Empereur marche alors sur
Vienne où il entre le 15 novembre. Lui, le petit Corse, dort
à Schönbrunn, dans le palais des Habsbourg. Mais il ne
s'attarde pas, avance toujours plus vers l'est. Plus il avance, plus ses effectifs diminuent car il lui faut bien laisser
des détachements derrière lui pour assurer ses bases.

«Notre Empereur, disent les soldats, a trouvé une nouvelle manière de faire la guerre ; il ne la fait plus avec nos
bras mais avec nos jambes.» Il ne faut pas oublier que si
les officiers sont à cheval, le simple soldat, lui, marche en
portant son barda et parfois même en aidant les chevaux
à tirer les canons. Ceci sur des centaines, voire des milliers
de kilomètres. Ils sont costauds nos valeureux grognards !

Ils continuent à marcher, donc, leur Empereur chéri en
tête, et s'arrêtent enfin près de Brünn (aujourd'hui Brno,
en République tchèque). Napoléon bluffe en feignant de
vouloir négocier, afin d'inciter Russes et Autrichiens,
convaincus qu'il craint l'affronte-
ment, à lui livrer bataille. L'ennemi
tombe dans le panneau et va donc
l'attaquer exactement où il l'a voulu !

Bulletin de la Grande Armée.

Une veillée d'armes

Il n'y avait point de lune, et l'obscurité de la nuit était augmentée par un épais brouillard qui rendait la marche fort difficile. Les chasseurs d'escorte auprès de l'Empereur imaginèrent d'allumer des torches formées de bois de sapin et de paille, ce qui fut d'une très grande utilité. Les troupes, voyant venir à elles un groupe de cavaliers ainsi éclairé, reconnurent aisément l'état-major impérial, et dans l'instant, comme par enchantement, on vit sur une ligne immense tous nos feux de bivouac illuminés par des milliers de torches portées par les soldats qui, dans leur enthousiasme, saluaient Napoléon de vivats d'autant plus animés que la journée du lendemain était l'anniversaire du couronnement de l'Empereur, coïncidence qui leur paraissait de bon augure.

Comme toujours Napoléon parle à ses soldats avec les mots du cœur : «Je dirigerai moi-même vos bataillons. Je me tiendrai loin du feu, si, avec votre bravoure accoutumée, vous portez le désordre et la confusion dans les rangs ennemis. Mais si la victoire était un moment incertaine, vous verriez votre Empereur s'exposer aux premiers coups.» A ces mots, un grognard lui répond : «Nous te promettons que demain tu n'auras à combattre que des yeux.» Si ce n'est pas de l'amour, ça.

Après dissipation des brumes matinales...

Les dieux de la guerre, ou plutôt de la météo, sont avec lui. Au petit matin du 2 décembre 1805, le soleil dévoile les forces autrichiennes et russes alors que le brouillard qui règne encore dans la vallée dissimule les lignes françaises.

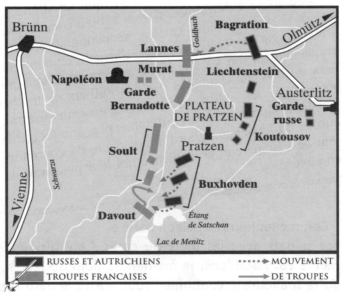

Brünn

Bagration

Goldbach

Olmütz

Lannes

Murat

Liechtenstein

Napoléon

Garde
Bernadotte

PLATEAU
DE PRATZEN

Austerlitz

Garde
russe

Koutousov

Soult

Pratzen

Schwarza

Vienne

Buxhovden

Davout

Étang
de Satschan

Lac de Menitz

RUSSES ET AUTRICHIENS   ┈┈► MOUVEMENT
TROUPES FRANCAISES   ──► DE TROUPES

L'armée impériale est déployée devant le plateau de Pratzen où se trouve l'ennemi. Napoléon dégarnit volontairement son aile droite. Il prévoit que les Russes chercheront du même coup à l'attaquer de ce côté pour tenter de l'envelopper. Se présentant de flanc, ils seront alors plus vulnérables. A quelques détails près, la bataille va se dérouler telle qu'il l'a prévue. C'est une mêlée inextricable où les hommes se sabrent et se fusillent à bout portant.

Pour l'armée ennemie, c'est la déroute. Les Russes cherchent désespérément à battre en retraite sur les étangs gelés bordant le plateau au sud. Brisée par le poids des chevaux et des canons, bombardée par les boulets rougis au feu que tirent les canons français, la glace cède, engloutissant les fugitifs.

A la nuit, la bataille s'achève : 23 000 Austro-Hongrois sont morts ou blessés ; 20 000 sont faits prisonniers. Les Français ont perdu près de 8 000 hommes.

Ce soir-là, comme à son habitude, Napoléon reste fort tard sur le champ de bataille, faisant le tour des blessés. Il leur parle et les fait secourir, donnant lui-même des verres d'eau-de-vie, faisant allumer un feu auprès de chacun d'eux.

On va leur percer le flanc, Ran, ran, ran, ran, tan plan, tirelire ;

On va leur percer le flanc, Que nous allons rire !
Ran, tan, plan, tirelire ; Que nous allons rire !

Le grand empire

«L'on compte en Europe, bien qu'épars, plus de trente millions de Français, quinze millions d'Espagnols, quinze millions d'Italiens, trente millions d'Allemands : j'eusse voulu faire de chacun de ces peuples un seul et même corps de nation.»

Faut-il croire ce que Napoléon déclarera à Sainte-Hélène ? Et s'il n'avait pas vraiment voulu cet immense empire ? Si on l'y avait forcé ? Allons, allons... Il n'a pas arrêté de faire ce genre de déclarations fracassantes tout au long de sa vie : «Je suis appelé à changer la face du monde.» Ça en dit long sur le bonhomme, quand même. Il aime la gloire, il aime vaincre, il veut soumettre.

Mais sa toute-puissance est fragile. Une seule défaite peut la compromettre et les guerres coûtent cher en vies humaines et en argent.

Le blocus continental

Revenons donc à Trafalgar !

Désormais, les Britanniques règnent en maîtres sur les mers. Ils sont riches et commercent dans le monde entier. Napoléon sait bien qu'ils chercheront toujours à organiser la lutte contre lui, qu'ils ne sont pas près de le «lâcher».

Les Anglais sont bien tranquilles sur leur île ? Eh bien

qu'ils y restent. On peut toujours fermer les ports du continent pour les empêcher de commercer. Cela s'appelle le «blocus continental».

C'est simple comme *good morning*. Il suffit que toutes les côtes soient inaccessibles aux navires britanniques. Soit nos voisins européens acceptent de participer volontairement au blocus, soit il les y force par la conquête. Voilà Napoléon contraint à une expansion sans fin.

Un moment, l'Empereur peut croire son objectif réalisé : l'Autriche est battue en 1805 à Austerlitz, la Prusse défaite à Iéna et à Auerstedt en 1806.

«Je hais l'Angleterre autant que vous»

Il reste à Napoléon un adversaire sur le continent : la Russie. Il l'emporte contre elle à Eylau et à Friedland en 1807 : victoires quelque peu indécises mais qui préludent à son entrevue à Tilsit avec le tsar. Les deux empereurs se rencontrent sur un radeau flottant sur le Niémen.

«Sire, je hais l'Angleterre autant que vous !» déclare d'entrée Alexandre. A quoi Napoléon rétorque : «En ce cas, la paix est faite.» Elle sera signée en effet à Tilsit le 22 juin 1807.

Dans l'histoire de Napoléon, il faut s'arrêter un moment sur Tilsit. C'est l'époque qui marque l'apogée de l'Empire. Mais dès 1808, ce sera la guerre en Espagne et les premiers revers. N'allons pas trop vite... et laissons l'Empereur savourer sa puissance.

Cent trente préfectures

Examinez donc cet empire vers 1809, c'est-à-dire au moment de son extension maximale. A cette date, la France comprend cent trente départements. Oui, cent trente !! Et donc cent trente préfectures ! Vous vous imaginez l'horreur pour les petits écoliers de l'époque qui devaient apprendre tout ça par cœur ! Maastricht, dont vous avez peut-être entendu parler, était la préfecture de la Meuse-Inférieure. Bruxelles, Rome ou Florence étaient des villes françaises...

Napoléon, qui collectionne les titres comme des timbres-poste, est roi d'Italie, protecteur de la Confédération du Rhin, médiateur de la Confédération helvétique, souverain des Provinces Illyriennes... En bon frère, il n'oublie pas la famille et distribue à ses frères et sœurs les couronnes de Naples, d'Espagne, de Westphalie et de Hollande comme on distribuerait des médailles ou des chocolats.

Le divorce

Tout ça, c'est bien beau, mais Napoléon sait que cet immense empire est bien fragile.

L'alliance russe n'est pas sûre (l'avenir le prouvera). La Prusse ou l'Autriche songent à prendre leur revanche. En 1809, la seconde croit même — l'argent anglais aidant —

que l'heure est venue. Mais la défaite de Wagram lui enlève temporairement tout espoir.

Autre souci pour l'Empereur — c'est un peu le même — : sa succession. Il lui faut un héritier. La pauvre Joséphine, c'est sûr, ne peut plus avoir d'enfant. Napoléon décide de divorcer. Non qu'il ait de sérieux reproches à lui adresser : avec le temps elle s'est assagie la belle Joséphine. Il souffre réellement d'éloigner de lui cette femme qu'il a passionnément aimée et pour laquelle il a beaucoup de tendresse. Mais il a besoin d'un héritier.

Pauvre Joséphine, elle peut pleurer, supplier, gémir, Napoléon est inflexible. La raison d'Etat est la plus forte. Le divorce a lieu le 15 décembre 1809 dans le cabinet de l'Empereur.

Marie-Louise

Qui va remplacer Joséphine ? Une princesse russe ? prussienne ? Après bien des tractations Napoléon demande la main de Marie-Louise, la fille aînée de l'empereur François II, celui-là même qu'il a combattu à Austerlitz. Cela s'appelle un renversement d'alliance !

La jeune fiancée s'effraie (mettez-vous à sa place) : toute sa vie elle a été élevée dans la haine du «petit Corse» qui a battu tant de fois son père... Pourtant, le mariage a lieu le 1er avril 1810. Napoléon est séduit par cette toute jeune femme. Il la couvre de prévenances et d'attentions... Elle est séduite à son tour. Ils connaissent même une véritable lune de miel.

Et enfin...

MARIE-LOUISE ET NAPOLÉON BONAPARTE
ont le bonheur de vous annoncer la naissance
de leur fils, roi de Rome,
grand Aigle de la Légion d'honneur,
grand-croix de la Couronne de fer,
membre de la Toison d'Or.

Noblesse oblige

Voici donc notre «Napoillionné» marié à une Habsbourg.
Que de chemin parcouru depuis Brienne ! Mais peut-il facilement s'intégrer ainsi dans la grande famille des rois, lui,
le parvenu ?

Napoléon a toujours rêvé de réconcilier le monde issu de
la Révolution et la société d'Ancien Régime. Il a tout tenté

pour faire revenir les émigrés en France, leur distribuant des postes et des pensions pour les «mettre dans sa poche».

Murat, qui ne mâche pas ses mots, critique cette attitude : «Vous vous entourez d'ancienne noblesse, vous en avez rempli les salons des Tuileries, elle s'y croit chez elle plus qu'elle ne vous croit chez vous, elle y considère tous vos compagnons d'armes, et vous-même peut-être, comme des parvenus, des intrus, des usurpateurs.» Il voit clair, Murat, l'avenir lui donnera raison.

Napoléon cherche même à fusionner cette vieille aristocratie avec sa noblesse à lui, celle qu'il a créée. Il encourage les mariages entre ancienne noblesse et noblesse d'Empire. En déclarant : «Je fais de la monarchie en créant une hérédité, mais je reste dans la Révolution, parce que ma noblesse n'est point exclusive. Mes titres sont une sorte de couronne civique : on peut les mériter par les œuvres», il met la noblesse à portée de tous...

En toute simplicité

Il règne en monarque absolu, sous des allures qui ne trompent personne... Ainsi, un témoin raconte que Napoléon alors en route pour la Russie, en mai 1812, s'arrête un moment à Dresde...

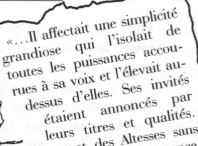

« ...Il affectait une simplicité grandiose qui l'isolait de toutes les puissances accourues à sa voix et l'élevait au-dessus d'elles. Ses invités étaient annoncés par leurs titres et qualités.

C'étaient d'abord des Excellences et des Altesses sans nombre, Altesses de tout parage et de toute provenance, anciennes ou récentes, Royales ou Sérénissimes –, puis les Majestés : Leurs Majestés le Roi et la Reine de Saxe, Leurs Majestés Impériales et Royales Apostoliques, Sa Majesté l'Impératrice des Français, Reine d'Italie. Lorsque toutes les appellations avaient retenti à travers les salons, l'auguste assemblée se trouvait au complet et le Maître pouvait venir. Alors, après un léger intervalle de temps, la porte s'ouvrait de nouveau à deux battants et l'huissier disait simplement : "l'Empereur !" »

On dirait aujourd'hui qu'il savait gérer son image.

Une main de fer sans gant de velours

Napoléon dirige son empire d'une main de fer. Tout, abso-
lument tout, passe par lui. La Révolution est maintenant
bien loin. Voilà désormais longtemps qu'on ne joue plus *La
Marseillaise* et que l'on n'arbore plus les symboles de 1789.
Les députés du Corps législatif siègent de plus en plus

brièvement ; le Tribunat, qui avait pour mission de donner son avis sur les lois (sans les voter), est supprimé en 1807. Les préfets ont le petit doigt sur la couture du pantalon, tous sont aux ordres du grand homme. Certains montrent un art de fayoter poussé à l'extrême, comme ce préfet de l'Isère, lorsqu'il déclare à propos de l'Empereur : «Sa tête est le foyer des grandes idées, comme le soleil est le foyer de la lumière.»

La police, sous la direction de Fouché, se montre d'une efficacité redoutable. Les ordres sont simples : «Surveillez tout le monde excepté moi», ordonne Napoléon à son ministre.

Après 1811, la presse parisienne se réduit à quatre journaux (*Le Moniteur, Le Journal de l'Empire, La Gazette de France, Le Journal de Paris*). Tous les quatre appartenant à l'Etat, ils ne risquent pas de dire du mal de l'Empereur... D'ailleurs Napoléon dit clairement qu'il ne souffrirait pas que «ses» journaux disent ou fassent rien contre ses intérêts.

Il ne faut certes pas se risquer à écrire n'importe quoi... Cela a coûté cher à un poète de l'époque de faire rimer Napoléon avec caméléon... Il s'est retrouvé vite fait bien fait dans un asile d'aliénés. Un manque d'humour total ce cher Napoléon !

Il résume bien lui-même la situation : «Au-dedans et au-dehors, je ne règne que par la crainte que j'inspire.»

Mais c'est ce même despote qui, en même temps qu'il place l'Europe entière sous sa botte, propage l'égalité civile, abolit le servage, les droits seigeuriaux ou la dîme, apporte son code civil (on disait alors le code Napoléon). Le grand philosophe Hegel salue en lui «l'âme du monde».

Le catéchisme impérial

Voilà ce que les petits écoliers de l'Empire devaient se mettre dans la tête.
— Quels sont les devoirs des chrétiens à l'égard des princes qui nous gouvernent, et quels sont en particulier nos devoirs envers Napoléon Ier, notre Empereur ?
— Les chrétiens doivent aux princes qui les gouvernent, et nous devons en particulier à Napoléon, notre Empereur, l'amour, le respect, l'obéissance, la fidélité, le service militaire, les tributs ordonnés pour la conservation et la défense de l'Empereur et de son trône [...]

Si ce n'est pas du bourrage de crâne ça...

La Grande Armée

Comment recrute-t-on les soldats ?

Le service est obligatoire pour les célibataires de 20 à 25 ans. Tous les inscrits ne sont cependant pas appelés. Chaque année un contingent est fixé. Ça marche alors comme à la loterie. On tire au sort un numéro : les plus bas partent, les autres restent à la maison.

En temps de paix, la durée du service est de un à cinq ans. Mais après 1805, la guerre est permanente, le service devient alors illimité. On comprend que les jeunes hommes de l'époque n'aient pas envie de partir faire la guerre «la fleur au fusil».

COMMENT EVITER DE FAIRE SON SERVICE

1. Se marier et faire des enfants puisque l'on tient compte des charges de famille.
2. Si on a de l'argent, payer quelqu'un pour partir à sa place, ou mieux, trouver un volontaire qui souhaite «voir du pays» et qui sera ravi de vous remplacer.
3. Mesurer moins de 1,48 m.
4. Enfin, une mutilation au combat permet de rentrer à la maison.

Dans les premières années du Consulat et de l'Empire, la conscription se passe sans trop de problèmes. Mais avec le temps la demande en «chair fraîche» se fait de plus en plus importante, au point que la fuite des jeunes recrues avant incorporation, ou la désertion, deviennent plus fréquentes.

I AM A GROGNARD, ICH BIN EIN GROGNARD, SOY UN GROGNARD, SONO UN GROGNARD, SOU UM GROGNARD.

Environ 2,5 millions d'hommes passent sous les drapeaux entre 1800 et 1815.

Avec les années, l'effectif de la Grande Armée grossit de plus en plus et le recrutement s'internationalise. La Grande Armée qui s'ébranle vers la Russie en 1812 est composée de Français (quand même), d'Italiens, d'Espagnols, de Portugais, d'Allemands, de Croates, de Polonais ou d'Irlandais.

Le grognard

«Ils grognaient et le suivaient toujours.» Cette phrase, inscrite sous un dessin de l'époque montrant des grognards harassés marchant derrière «leur Empereur» à cheval, illustre parfaitement l'état d'esprit de ces hommes. On obéit, oui, mais en râlant... Ces soldats aiment leur chef. Ils le suivent au bout du monde.

GRR

Napoléon sait très bien y faire pour remonter le moral de ses troupes. Avant et après chaque bataille, il passe dans les bivouacs bavarder avec eux, tirer l'oreille des plus valeureux : «Soldats, je suis content de vous.» Braves soldats qui savent que le courage au feu (s'ils en reviennent !) vaut carrière. Le grognard peut avancer en grade, ou recevoir la très convoitée Légion d'honneur.

On raconte à ce sujet une anecdote qui en dit long sur les relations de l'Empereur avec ses hommes. Napoléon pouvait accorder des dotations à de simples soldats, en les nommant «chevaliers de l'Empire», en même temps que membre de la Légion d'honneur. Les présentations étaient faites par les officiers supérieurs mais l'Empereur permettait que les soldats qui pensaient mériter une distinction viennent directement s'adresser à lui. Puis il décidait et jugeait seul.

Or, un jour, un vieux grognard qui avait fait la campagne d'Italie et d'Egypte ne s'entend pas appeler. Il vient d'un air détaché réclamer la grand-croix. «Mais, lui dit Napoléon, qu'as-tu fait pour mériter cette récompense ? — C'est moi, Sire, qui, dans le désert de Jaffa, par une chaleur affreuse, vous présentait un melon d'eau. — Je t'en remercie de nouveau, mais le don de ce fruit ne vaut pas la croix de la Légion d'honneur.» Alors le grenadier, jusque-là froid comme glace, s'exaltant jusqu'au paroxysme, s'écrie avec la plus grande volubilité : «Eh ! comptez-vous donc pour rien sept blessures reçues au pont d'Arcole, à Lodi, à Castiglione, aux Pyramides, à Saint-Jean-d'Acre, à Austerlitz, à Friedland… onze campagnes en Italie, en Egypte, en Autriche, en Prusse, en Pologne, en…» Mais l'Empereur l'interrompant et contrefaisant, en riant, la vivacité de son langage s'écrie : «Tat, ta, ta, comme tu t'emportes, lorsque tu arrives aux points essentiels ! Car c'est par là que tu aurais dû commencer, cela vaut bien mieux que ton melon !… Je te fais chevalier de l'Empire, avec 1 200 francs de dotation… Es-tu content ? — Mais, Sire, je préfère la croix… — Tu as l'un et l'autre, puisque je te fais chevalier. — Moi j'aimerais mieux la croix !…» Le brave grenadier ne comprenait pas que le titre de chevalier de l'Empire entraînait aussi celui de chevalier de la Légion d'honneur. Il ne fut tranquillisé que lorsque l'Empereur lui eut attaché la décoration sur la poitrine.

Cette familiarité teintée de démagogie rendait Napoléon très populaire auprès de ses soldats. Il savait qu'il pouvait se permettre ce genre de comportement car il était le chef incontesté de la plus grande armée du monde.

Observons l'équipement

Il n'est pas terrible. Honorable sans plus.

Un fusil à silex, modèle 1777, légèrement revu en 1803 : il ne tire guère que quatre coups en trois minutes, et sa précision excède à peine 200 mètres. En cas d'humidité de nombreux ratés sont à prévoir.

Le canon de Gribeauval : il tire trois coups par minute avec une portée de 1 200 mètres.

Au total une artillerie pas très performante qui demanderait à être modernisée...

Tirer au fusil : mode d'emploi

Ouvrir le bassinet, Tirer une cartouche de la giberne, la Déchirer pour verser une partie de la poudre dans le bassinet, Abattre la batterie puis Laisser couler le reste de la poudre dans le canon, Bourrer avec la baguette, Placer la balle dans le canon, Pousser à nouveau avec la baguette, Épauler, Viser, Tirer. Chaque coup prend environ une minute.

GARDER SON SANG-FROID POUR EFFECTUER CETTE MANŒUVRE SOUS LE FEU ENNEMI.

Les maréchaux

Qui sont-ils ? Des officiers sortis du rang, comme on dit, c'est-à-dire qu'ils se sont fait remarquer par leur bravoure et leur intrépidité sur les champs de bataille. Napoléon les a comblés d'honneurs, de faveurs. Ils lui doivent tout : titres, fortune et même mariage (Murat est le beau-frère de Napoléon).

Comme à son habitude, Napoléon leur demande d'obéir. Du genre : soyez de bons militaires et surtout ne prenez pas d'initiative. A Berthier, son chef d'état-major, il écrit un jour : «Tenez-vous-en strictement aux ordres que je vous donne ; moi seul sais ce que je dois faire.» A bon entendeur, salut !

Certains, avec le temps, aspireront à une vie plus calme... Les combats et les campagnes, c'est bien quand on est jeune, mais avec l'âge et les rhumatismes il fait bon rester chez soi et profiter enfin des avantages acquis : domaines, pensions, fortune.

Rapide comme l'éclair

Napoléon vit à deux cents à l'heure, épuisant son entourage. Sa stratégie est fondée sur la vitesse. Il faut en permanence être plus rapide que l'ennemi, le frapper vite et bien avant qu'il ne puisse rassembler et concentrer ses forces.

Les hommes sont habitués à marcher 20, 30, parfois 50

kilomètres par jour ! Ces marches par tous les temps sont épuisantes. Un de ses fameux grognards ne peut s'empêcher d'interpeller l'Empereur : «Il faut quand même que vous ayez un fameux coup dans la tête pour nous mener sans fin dans des chemins comme ça...»

Cette rapidité permet de prendre l'ennemi par surprise. De même, Napoléon veille à déplacer ses troupes à l'abri derrière un fleuve ou une montagne, la couvrant d'un rideau de cavalerie. Des espions — tel Schulmeister — le renseignent sur les mouvements ennemis, quand ils ne mènent pas un double jeu qui les conduit à renseigner aussi l'adversaire !

Les horreurs de la guerre

Blessures, maladie, manque d'hygiène... A cela s'ajoute une alimentation souvent déficiente : on estime que trois fois plus d'hommes sont morts dans les hôpitaux que sur

le champ de bataille.

Napoléon le reconnaît dans une lettre : «L'inexpérience des chirurgiens fait plus de mal à l'armée que les batteries ennemies.» En effet, peu de médecins et de chirurgiens mobilisés sont vraiment compétents. On fait même parfois appel à des étudiants, pas vraiment aguerris... Il se trouve bien, et heureusement, quelques hommes de l'art, expérimentés. A la Moscova, Larrey procède à deux cents amputations en une seule journée.

Il n'y a pas alors d'anesthésiant. On se contente de placer la pipe du soldat dans sa bouche pour qu'il la serre entre les dents. Quelques secondes suffisent pour trancher le membre. Que l'opéré ne supporte pas la douleur, il desserre les dents, et «casse sa pipe».

Noms rayés

Rayez tous les noms de victoires napoléoniennes inscrites dans le tableau suivant. Tous les sens sont permis et une lettre peut servir plusieurs fois : les lettres restantes donnent le nom de l'un des maréchaux de Napoléon.

i	d	o	l	m	l
l	e	t	u	a	u
o	y	n	o	r	t
v	l	a	a	g	z
i	a	d	v	a	e
r	u	l	m	w	n

Réponse : Davout

Les premiers craquements

Napoléon se reprochera toujours la guerre d'Espagne et il a raison. Pour lui, c'est le commencement de la fin. «Cette malheureuse guerre m'a perdu, elle a divisé mes forces, attaqué ma moralité en Europe. J'embarquai fort mal l'affaire, je le confesse...»

Mais qu'est-il donc allé faire dans cette galère?

Le guêpier espagnol

Au départ, son intervention de l'autre côté des Pyrénées semble justifiée. Toujours obsédé par le blocus contre l'Angleterre, Napoléon veut contrôler le Portugal pour verrouiller ses côtes. Junot et ses troupes s'emparent de Lisbonne sans difficultés. Les souverains portugais se réfugient au Brésil.

L'Espagne est alors notre alliée. Mais il y a une sombre histoire de famille entre le roi Charles IV, la reine Marie-Louise dominée par son amant (son ancien garde du corps devenu Premier ministre) et l'infant, le prince des Asturies qui hait ses parents et est détesté par eux en retour... Belle famille ! Le roi se brouille définitivement avec son fils.

Que fait Napoléon dans ce panier de crabes ? Il se pose en arbitre et convoque tout ce joli monde à Bayonne. Il sent la faille et se convainc déjà que le royaume

Napoléoooon est mort à Sainte Héléneuu !

d'Espagne lui est ouvert. Mais c'est sans compter sur le patriotisme, le tempérament fougueux et la foi ardente des Espagnols.

La population de Madrid se soulève le 2 mai 1808. Quelques Français sont massacrés. La réaction de Murat est rude. Le lendemain 3 mai, on fusille les insurgés. Le bilan des «dos et tres de mayo» est lourd : 300 morts environ. Le peintre Goya représentera dans deux tableaux célèbres ces tragiques événements qui marquent le début de la résistance espagnole.

Un peu aveugle, Napoléon ne mesure pas l'exaspération d'une population humiliée et force les Bourbons d'Espagne à renoncer au trône qu'il confie à son frère Joseph, au nez et à la barbe de Murat.

Les *afrancesados* — les partisans des Français — attendent de leur nouveau roi des réformes qu'ils jugent indispensables pour leur pays. Mais l'Eglise et le peuple sont hostiles à l'occupation des Français.

La résistance s'organise qui prend très vite des allures de guérilla. Les troupes impériales sont déroutées devant ces combats d'un type nouveau. De part et d'autre, on multiplie les atrocités.

Un sergent raconte : «Tout le long de la route, nous trouvions des soldats assassinés. Les uns étaient à moitié brûlés ; à d'autres on avait coupé les quatre membres, il y en avait qu'on avait cloués sur des arbres ou pendus par les pieds.»

C'est que la haine des Espagnols est terrible, comme le révèle le *Dialogue entre un prêtre et un enfant*, un petit livre composé de 6 chapitres et 52 questions, et diffusé alors dans la péninsule.

●●●

Est-ce un péché que d'assassiner un Français ?
– Non, mon père, on fait une œuvre méritoire en délivrant la patrie de ces oppresseurs violents.
– Quel est l'ennemi de notre bonheur ?
– L'empereur des Français.
– Combien a-t-il de natures ?
– Deux : l'une diabolique, l'autre inhumaine.
– De qui procède Napoléon ?
– De l'enfer et du péché.

Amen !

BIM !

La première défaite

Pour la première fois les troupes de Napoléon sont tenues en échec. Pire ! Elles subissent leur première vraie défaite en bataille rangée à Baylen, en juillet 1808, et le général Dupont capitule. Et voici Joseph, à peine assis sur le trône d'Espagne, fuyant déjà Madrid !

Vous connaissez Napoléon : il veut et il va rétablir son frère sur le trône. Mais le coup est rude, d'autant que le Portugal se soulève à son tour et que, évidemment, les Anglais s'empressent de débarquer. Le futur duc de Wellington contraint Junot à capituler.

La Grande Armée n'est plus ce qu'elle était... Dans la foulée, la Prusse relève la tête, l'Autriche s'arme une nouvelle fois. Et lorsqu'il recherche tout naturellement le soutien du tsar (vous vous rappelez les accords de Tilsit), Napoléon se heurte à un refus.

Ça craque !

Bâti en moins de dix ans, cet immense empire, qui en impose à tous, présente quelques lézardes. Il y a de plus en plus de «grains de sable» dans la belle mécanique impériale, qui vont petit à petit enrayer ce système.

Les Anglais parviennent maintenant à vendre des marchandises dans les ports espagnols. Ailleurs en Europe, la contrebande va s'avérer plus facile car l'armée française est trop occupée en Espagne. En un mot, le blocus prend l'eau.

Mais aurait-il pu en être autrement ? Le commerce est la respiration des nations. Napoléon lui-même devra signer des accords pour importer certains produits anglais dont la France a besoin. Ce qui ne l'empêche pas, d'ailleurs, d'enlever le trône de Hollande à son frère Louis qui, soucieux du bien de ses sujets, avait pris quelques libertés avec le blocus.

Pour la même raison, il rattache directement à la France d'autres territoires en Italie, en Suisse, ou en Allemagne.

Toujours plus, il en veut toujours plus, il est insatiable.

Debout, peuples !

Que se passe-t-il lorsque l'homme, l'armée, le pays qui vous ont dépossédé et que vous détestez commencent à montrer les premiers signes de faiblesse ?

Le nationalisme se réveille, la résistance s'organise, les haines se déchaînent. En 1806, Napoléon n'avait pas hésité à faire exécuter Palm, un libraire allemand qui avait osé diffuser une brochure fortement hostile à la France : *L'Allemagne dans sa profonde humiliation*. On lit bientôt partout des pamphlets qui ressemblent à ceux qu'avaient répandus les Espagnols.

—————LIBERTÉ—————

Et l'abîme s'est ouvert, dit le Seigneur, et l'enfer a craché son poison et a lâché les serpents venimeux, et un monstre est né et une horreur souillée de sang s'est dressée. Et de son nom il s'appelle Napoléon Bonaparte, un nom de misère, un nom de souffrance, un nom maudit par les veuves et les orphelins, un nom par lequel à l'avenir ils crieront à l'assassin... Debout, peuples! Abattez-le, car je le maudis, anéantissez-le car il est destructeur de la liberté et du droit.

Ces quelques lignes en disent long sur les sentiments de nos voisins... et sur la suite des événements.

Des insurrections éclatent, comme au Tyrol, où Andreas Hofer, un aubergiste, parvient à tenir tête pendant plusieurs mois à l'armée franco-bavaroise avant d'être pris et fusillé au début de l'année 1810.

Napoléon face à son assassin

Les ennemis de la France en général et les Anglais en particulier ont toujours représenté Napoléon en monstre sanguinaire. La vie humaine pour lui a peu de prix. Sur les nombreux champs de bataille, les morts et les blessés des deux camps se comptent par centaines de milliers. Il se montre toujours intraitable lorsqu'un peuple se rebelle, on l'a vu durant la guerre d'Espagne.

Un jour cependant, alors qu'il réside au château de Schönbrunn, il fait amener un jeune homme de 17 ans, Frédéric Staps, que l'on vient d'arrêter et qui déclare qu'il voulait le tuer. Napoléon, certainement troublé par la jeunesse de son assassin, fait tout pour le sauver.

Un surprenant dialogue s'engage alors entre eux.

SCÈNE I. NAPOLÉON FRÉDÉRIC.

NAPOLÉON :   Que vouliez-vous faire de votre couteau ?
FRÉDÉRIC :   Vous tuer.
NAPOLÉON :   Vous ête fou, jeune homme ; vous êtes illuminé ?
FRÉDÉRIC :   Je ne suis pas fou, je ne sais pas ce que c'est qu'illuminé.
NAPOLÉON :   Vous êtes donc malade?
FRÉDÉRIC :   Je ne suis pas malade; je me porte bien.
NAPOLÉON .   Pourquoi vouliez-vous me tuer?

FRÉDÉRIC :   Parce que vous faites le malheur de mon pays.
[…]
NAPOLÉON :   Par qui êtes-vous envoyé ? Qui vous pousse à ce crime ?
FRÉDÉRIC :   Personne ; c'est l'intime conviction qu'en vous tuant,
je rendrais le plus grand service à mon pays et à l'Europe qui m'a
mis les armes à la main.

[…] Napoléon fait venir alors Corvisart, son médecin personnel qui,
après examen, témoigne que Frédéric Staps est en bonne santé.

NAPOLÉON :   Vous avez une tête exaltée, vous serez la perte de votre
famille. Je vous accorderai la vie, si vous me demandez pardon du
crime que vous avez voulu commettre, et dont vous devez être fâché.
FRÉDÉRIC :   Je ne veux pas de pardon. J'éprouve le plus vif regret
de n'avoir pu réussir.
NAPOLÉON :   Diable ! Il paraît qu'un crime n'est rien pour vous ?
FRÉDÉRIC :   Vous tuer n'est pas un crime, c'est un devoir.
[…]
NAPOLÉON :   Mais enfin, si je vous fais grâce, m'en saurez-vous gré ?
FRÉDÉRIC :.   Je ne vous en tuerai pas moins.

Le jeune homme sera conduit à Vienne, jugé par une
commission militaire et condamné à mort. Le dimanche 17
octobre, il tombe sous les balles du peloton en criant
«Vive la liberté ! Vive l'Allemagne ! Mort à son tyran !»

La campagne de Russie

«Ai-je donc accompli les volontés du Destin ? Je me sens poussé vers un but que je ne connais pas. Quand je l'aurai atteint, un atome suffira pour m'abattre.»

Pas très rassurant, Napoléon, à la veille du grand départ pour la Russie. On comprend le peu d'enthousiasme de ses généraux à l'idée de reprendre le combat. L'Empereur lui-même, vieilli, empâté, n'a plus la même vigueur. Le pouvoir, la vie de campagne ont usé notre homme.

Déjà à Austerlitz, il prévoyait : «On n'a qu'un temps pour la guerre. J'y serai bon encore six ans, après quoi moi-même je devrai m'arrêter.» Austerlitz, décembre 1805 + 6 : faites le compte. Napoléon aurait dû écouter Napoléon...

Impasse diplomatique

Mais pourquoi lance-t-il sa Grande Armée vers la Russie ? Le tsar n'est-il pas son allié ?

Leur amitié s'est beaucoup refroidie ces derniers temps. Le tsar en a assez. Son alliance avec Napoléon ne lui apporte pas grand-chose. C'est bien beau de faire le blocus de l'Angleterre, ainsi que l'exige le grand chef, mais une bonne partie du commerce russe se fait traditionnellement avec les Britanniques. Les grands propriétaires russes leur expédient leur blé et leur bois.

Dans les compromis avec la France, le tsar a obtenu la Finlande et des principautés dans la région du Danube. Mais pas Constantinople dont il rêve tant. Une déception qui s'ajoute à tout le reste. L'amitié née à Tilsit quatre ans plus tôt s'estompe.

Napoléon ne part pas écraser la Russie cependant. Il y part plutôt pour rétablir une alliance. N'écrit-il pas à Alexandre : «Mon oreille sera toujours ouverte à des négociations de paix» ?

«Mon œil !» pourrait lui répondre le tsar, car pour lui la belle amitié est terminée. Le divorce est dé-fi-ni-tif.

Le grand départ

La plus grande armée que le monde ait jamais vue rassemblée (600 000 hommes) s'ébranle en juin 1812.

Imaginez une armée, sous les couleurs de la France, dont la moitié seulement est française. L'autre moitié est constituée d'Espagnols, de Portugais, d'Italiens, d'Allemands, de Suisses, de Croates, d'Autrichiens répartis dans les huit corps français. Si immense soit-elle, cette armée n'a plus l'ardeur de la Grande Armée de 1805. Elle est encadrée de généraux fatigués qui se jalousent. «Je vois bien , messieurs, leur dit Napoléon, que vous n'avez plus envie de faire la guerre.» Ils ne protestent pas.

C'est une très lourde machine militaire qui avance. Parti début mai de Paris,

Napoléon ne franchit le Niémen que fin juin, après avoir assisté au passage des troupes.

L'armée s'avance en trois colonnes. On s'étonne et on s'inquiète de ne pas voir d'ennemis devant soi. Tout au plus devine-t-on parfois à l'horizon quelques cosaques, à peine entrevus, déjà disparus. Ils semblent narguer la puissante armée. Il fait chaud, de violents orages éclatent, la dysenterie frappe les troupes.

Les moujiks — les paysans russes — brûlent les récoltes et les maisons afin de ne livrer qu'une terre désertique. Le général Caulaincourt avouera : «On était comme un vaisseau sans boussole, seuls au milieu d'un vaste océan, ne sachant pas ce qui se passait autour de nous.»

C'est mal parti. Vous l'avez compris, la Russie attire la Grande Armée dans un piège, au cœur d'un immense pays. L'armée fond littéralement au soleil. Wilno, Vitebsk ; 150 000 hommes manquent déjà à l'appel.

Arrivé à Smolensk, l'Empereur hésite. Faut-il continuer ?

On continue. Voici Borodino et là, enfin, l'armée ennemie commandée par le vieux général Koutouzov qui a une revanche à prendre puisque Napoléon l'a vaincu à Austerlitz. Le tsar ne peut tout de même pas abandonner sa capitale sans combattre au moins une fois.

Victoire ou défaite ?

On va donc se battre, devant la  Moskova, un petit affluent de la Volga.

L'Empereur n'est plus le même. Ce n'est plus le général fringant et sûr de lui qui s'endormait comme une masse la veille de chaque combat.

Toute la nuit, il attend la bataille avec anxiété. A l'aube, il reprend confiance. Le soleil qui se lève alors, après des jours de pluie, lui rappelle celui d'Austerlitz...

Le général Rapp lui a prédit une victoire sanglante. Elle est très sanglante. Près de 30 000 Français et 60 000 Russes périssent dans cette bataille si indécise que le grand écrivain russe Léon Tolstoï célébrera la victoire de Borodino. Quand on ne sait pas très bien qui est le vainqueur, c'est peut-être qu'il n'y en a aucun... Mais la Grande Armée a maintenant la voie libre jusqu'à Moscou.

Moscou en flammes

Napoléon triomphe, momentanément. L'armée, réduite aux trois quarts, oublie sa fatigue. Au loin étincellent les dômes dorés de Moscou.

Il était temps ! Napoléon va pouvoir se reposer, attendre des renforts, se refaire un peu.

La désillusion est grande cependant lorsqu'il rentre à la

Ça réchauffe.

tête de son armée dans la capitale russe. Un silence de mort l'accueille, rompu seulement par le croassement de milliers de corbeaux. Il n'y a pas âme qui vive, quelques mendiants errent dans les rues. Les Russes lui ont laissé une ville morte.

Sur ordre du gouverneur, le comte Rostopchine (pour la petite histoire, il s'agit du père de la comtesse de Ségur, l'auteur des *Malheurs de Sophie*), les prisonniers de droit commun ont été libérés avec la mission d'allumer partout des incendies.

Imaginez le spectacle d'une ville grandiose dont les maisons de bois, livrées aux flammes, s'écroulent et se consument... C'est terrifiant.

Napoléon va cependant rester un mois à Moscou. «J'aurais dû ne rester que quinze jours à Moscou, mais j'avais des blessés à évacuer ; l'armée avait souffert et se remettait. Quoique Moscou fût brûlée, elle offrait d'immenses ressources. Je suis resté trop, je ne croyais pas à un tel hiver, je me figurais celui d'Eylau.»

Une grave erreur qui va lui coûter cher.

Le général Hiver

Pourquoi ces quinze jours de trop à Moscou sont-ils si importants ?

Lorsque, le 14 octobre, Napoléon décide de repartir, l'hiver est déjà bien avancé. Les hivers en Russie sont terribles. La neige tombe abondamment et recouvre tout, la température peut descendre à - 30 °C, les nuits s'étirent

sur près de dix-huit heures. Des Russes ont dit aux soldats : «Vous ne connaissez pas notre climat, le froid vous fera tomber les ongles.»

L'armée est partie quelques mois plus tôt, en plein été, sûre de rentrer avant l'hiver. Elle n'est pas équipée. «On ne voyait, rapporte un témoin, que la neige éternelle, devant, derrière et partout.»

Les Russes ayant coupé la route du sud, l'armée emprunte les mêmes étapes qu'à l'aller. On repasse donc par Borodino où les cadavres se décomposent sur le champ de bataille. On traverse des régions déjà pillées et dévastées, qui n'ont plus rien à livrer pour le ravitaillement des troupes. La faim frappe à son tour.

Montés sur de petits chevaux à longs poils, des Kalmouks (soldats mongols), vêtus de peaux, tourbillonnent autour de l'arrière-garde, tuant les traînards, semant la terreur.

Il fait de plus en plus froid. Même les corbeaux tombent gelés en plein vol ! Les soldats se traînent lamentablement vers la France, les pieds enveloppés de chiffons.

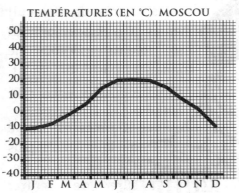

TEMPÉRATURES (EN °C) MOSCOU

«On distinguait une sorte de fumée sortant des oreilles et des yeux. Cette vapeur, se condensant au contact de l'air, retombait bruyamment sur nos poitrines comme auraient pu faire des grains de millet. Il fallait s'arrêter souvent pour débarrasser les chevaux d'énormes glaçons que leur haleine formait en se gelant sur le mors des brides.»

La souffrance des soldats

Imaginons-les, ces soldats. Démoralisés, ils marchent sans regarder devant eux, ni à droite, ni à gauche, heurtant indistinctement leurs camarades et leurs généraux. Ces soldats hébétés sont les mêmes qui, six mois auparavant, faisaient trembler l'Europe.

«Nous mangions les chevaux qui crevaient tous les jours [...]. Je mangeais la viande des chevaux à moitié cuite, de sorte que la graisse, le sang se répandaient sur moi du menton aux genoux. J'ai vu des soldats à genoux et d'autres assis près des charognes mordre dans cette chair comme des loups affamés [...]. Pour boisson nous avions de la neige fondue dans une casserole [...]. J'avais la figure enfumée, la barbe longue et je ressemblais à un jambon de Mayence [...]. Nous marchions avec de longs glaçons à chaque poil de la barbe, les peaux qui nous couvraient, à moitié brûlées aux rares feux de bivouac qu'on avait pu allumer.»

C'est la Berezina...

Le 10 novembre, l'armée est à Smolensk. Deux semaines plus tard, elle atteint la Berezina.

Les pontonniers du général Eblé, de l'eau glacée jusqu'à la poitrine, parviennent, au sacrifice de leur vie, à construire deux ponts sur la rivière.

Malheureusement, l'armée entière n'a pas le temps de franchir le fleuve. Pour préserver ceux qui sont passés, Napoléon donne à contrecœur l'ordre de faire sauter les ponts : 12 000 soldats vont ainsi être massacrés par les cosaques.

L'Empereur est à la tête d'une armée fantomatique qui ne compte plus que 100 000 hommes.

Le 5 décembre, il annonce à son état-major qu'il doit quitter l'armée pour regagner Paris. Il avait fait de même en 1799 afin de s'emparer du pouvoir. Cette fois, il s'agit de le sauver.

Il confie l'armée à Murat. Ce dernier, comme la plupart des généraux de son état-major, n'a plus du tout la même admiration ni la même foi vis-à-vis de l'Empereur. Au plus fort de la bataille, quelques mois plus tôt, Ney remarquant les hésitations de Napoléon avait lancé : « Puisqu'il ne fait plus la guerre par lui-même, qu'il n'est plus général, qu'il fait partout l'Empereur, qu'il retourne aux Tuileries et nous laisse être généraux pour lui. »

Murat, cette fois, clame haut et fort devant ses officiers (ou ce qu'il en reste) : « Il n'est plus possible de servir un insensé. Il n'y a plus de salut dans sa cause. »

L'ambiance se gâte.

L'Empire va mal

Il est tellement fragile, cet empire… L'Empereur est parti si longtemps et si loin. Il s'en est passé des choses à Paris.

Un certain général Malet a annoncé la mort de Napoléon et a procédé à la formation d'un gouvernement provisoire. Le complot a finalement été découvert et ses responsables ont été exécutés.

A son arrivée à Paris, Napoléon est fou de rage. «Et mon fils, tempête-t-il, c'est à lui qu'il fallait penser et à l'Impératrice qu'il fallait confier la régence.» Or personne n'y a songé. Ou du moins personne n'a voulu y songer.

Tout ceci est fort inquiétant. Comme le murmure Talleyrand, la retraite de Russie sonne bien «le commencement de la fin».

La chute de l'Aigle

J.. je... Je suis fffoutu, petit...

Ssauve ta peau et laisse-moi crever là, seul, c.. Comme un chien...

La retraite de Russie a porté un coup fatal à l'Empire. Comme un navire qui prend l'eau, il sombre peu à peu. Déjà la Prusse relève la tête et se prépare à déclarer la guerre, les Espagnols chassent Joseph, les Italiens s'agitent, et les Anglais croient que cette fois l'heure est venue... Une lassitude, un désenchantement s'emparent des Français. Et tandis que l'Empereur tente de reconstituer une armée, les notables commencent à faire défection.

Les derniers combats

A Leipzig, en octobre 1813, Napoléon rencontre une armée deux fois plus importante que la sienne : il est battu. L'ennemi cette fois est aux portes de la France. C'est le début de la fin. Mais la fin va être magnifique.

Avec de jeunes recrues inexpérimentées dont l'impératrice a signé l'ordre de conscription — on les appelle pour cette raison les «Marie-Louise» — Napoléon remporte victoire sur victoire lors de cette campagne de France qui se déroule à quelques lieues de Paris. Mais c'est épuisant. On ne peut combattre indéfiniment un adversaire si supérieur en nombre...

Adieux à Fontainebleau

Le 3 avril, le Sénat prononce la déchéance de l'Empereur, coupable à ses yeux «d'avoir violé son serment et attenté aux droits des peuples en levant des hommes et des impôts contrairement aux Constitutions.» C'est quelque chose que l'on n'aurait certes pas osé dire ou même penser au moment où tout allait bien.

Plus on tombe de haut, plus la chute est rude... les trahisons s'accumulent... les rats quittent le navire... ses meilleurs maréchaux se tournent vers les Bourbons. Le plus inélégant d'entre eux, Lefebvre, va jusqu'à déclarer : «Croit-il que lorsque nous avons des titres, des hôtels, des terres, nous nous ferons tuer pour lui ?» Pas très reconnaissant n'est-ce pas ?

Les alliés refusent une régence au nom du roi de Rome, et accordent à Napoléon la souveraineté sur l'île d'Elbe. Délicate attention, me direz-vous : le climat, les paysages peuvent lui rappeler sa Corse natale qui se trouve à quelques encablures. Mais il n'est pas certain que les alliés aient eu envie de lui faire des faveurs. Il faut bien le mettre quelque part, c'est tout.

Le 20 avril, il fait ses *Adieux* à sa vieille garde, un discours comme il sait si bien en prononcer, à faire pleurer le grognard le plus endurci.

«Soldats, depuis vingt ans je vous ai trouvés constamment sur le chemin de l'honneur et de la gloire. Vous vous êtes toujours conduits avec bravoure et fidélité ; encore dans ces derniers temps, vous m'en avez donné des preuves. [...] Je ne peux pas vous embrasser tous ; je vais embrasser votre chef ; j'embrasserai aussi le drapeau... Je suivrai toujours vos destinées et celles de la France. Ne plaignez pas mon sort : j'ai voulu vivre pour être encore utile à votre gloire ; j'écrirai les grandes choses que nous avons faites ensemble. Le bonheur de cette chère patrie était mon unique pensée ; il fera toujours l'objet de mes vœux. Adieu, mes enfants.»

Une panoplie de souverain

Napoléon n'aurait jamais imaginé qu'un jour il régnerait sur une petite île de 223 km² C'est comme si on lui avait offert une panoplie de souverain.

«Joue dans ton coin, semblent lui dire les alliés et laisse-nous diriger l'Europe.» Mais vous le connaissez, il ne reste pas abattu longtemps.

Installé dans le palais des Milini, toujours aussi hyperactif, Napoléon réorganise de fond en comble l'administration, aménage des routes, crée une petite flotte, développe l'extraction du fer, fait ouvrir un théâtre... Il refait ainsi à une petite échelle ce qu'il avait fait en grand.

Il possède une minuscule armée de huit cents grognards de la Vieille Garde, plus trois cents hommes de l'ancienne garnison de l'île. Mais tout cela va un temps. L'île d'Elbe, on en fait vite le tour... Le virus de l'ambition le chatouille et le gratouille de nouveau.

D'autant plus que Marie-Louise et l'Aiglon ne viennent pas, comme promis, le rejoindre. La pension, elle aussi promise, ne lui est pas versée. Les Français, déjà, paraissent lassés des Bourbons et la France n'est pas si loin.

Et l'Aigle vola de clocher en clocher
jusqu'aux tours de Notre-Dame

Il craque, l'exilé, et finalement s'embarque le 26 février 1815 avec quelques fidèles.

Cap sur la France !

Il est courageux, ou inconscient, notre empereur. A-t-il oublié que, dix mois plus tôt, il a laissé derrière lui un trône repris par les Bourbons, des généraux félons, une armée exsangue, un peuple déçu... Bref, on ne peut pas dire qu'il soit en «odeur de sainteté». Vous pensez bien que, de retour au pouvoir, les Bourbons — et c'est de bonne guerre — cherchent à discréditer le vaincu. Ils le présentent comme un monstre ivre de conquêtes, comme un usurpateur qui n'a pas hésité à abandonner son armée en déroute sans pain et sans ressources, responsable de centaines de milliers de morts.

Le 1er mars, il débarque à Golfe-Juan. Par la route de montagne, car il veut éviter la vallée du Rhône, où les troupes royales pourraient facilement l'intercepter, il prend la direction de Paris.

Dans la capitale, on se prépare à arrêter «l'usurpateur». Le maréchal Ney, qui, peu sourcilleux sur les principes, a repris du service sous Louis XVIII, promet au roi de «ramener Bonaparte dans une cage de fer». On est le 11 mars.

Le 14 mars, le même maréchal, devant ses troupes, fait la déclaration suivante : «La cause des Bourbons est à jamais perdue. La dynastie que la nation française a adopté va remonter sur le trône. C'est à l'empereur Napoléon, notre souverain, qu'il appartient seul de régner sur notre beau pays.» C'est ce que l'on appelle «retourner sa veste» en beauté, et il ne sera pas seul à le faire.

Napoléon n'est pas dupe. Il devait lui-même confier : «Jusqu'à Grenoble on me traita d'aventurier, à Grenoble je fus prince.»

Napoléon, le retour

Le Journal de Paris relate ainsi l'accueil triomphal que lui réserve la capitale.

«L'Empereur est arrivé hier à huit heures et demie à Paris avec trois voitures et six chevaux. A son entrée il est monté à cheval accompagné d'une escorte de chasseurs, et s'est rendu aux Tuileries. Une foule immense remplissait les cours du château, la place du Carrousel et les rues adjacentes. Des cris de : «Vive l'Empereur !» se faisaient entendre de toutes parts.

Ainsi, vingt jours après le débarquement de Napoléon dans le golfe de Juan, une révolution complète a eu lieu sans secousse et sans effusion de sang.»

A la une !

La presse sait aussi se montrer opportuniste.
Voici quelques phrases extraites du *Moniteur* au fur
et à mesure de la progression de Napoléon vers
Paris. Quelques notions de géographie
et un solide sens politique vous permettront de les
remettre dans l'ordre chronologique.

1. L'Empereur est arrivé à Fontainebleau.
2. Le tyran a traversé Lyon.
3. L'usurpateur a été vu à soixante lieues de la capitale.
4. Napoléon sera demain sous nos remparts.
5. L'ogre corse vient de débarquer à Golfe-Juan.
6. Sa Majesté Impériale a fait son entrée hier à Paris.
7. Le tigre est arrivé à Gap.
8. Le monstre a couché à Grenoble.
9. L'anthropophage est sorti de son repaire.
10. Bonaparte avance à grands pas.

Réponses : 9. 5. 7. 8. 2. 3. 10. 4. 1. 6.

Le 19 mars à minuit, Louis XVIII quitte les Tuileries, le 20 mars, jour anniversaire de son fils, l'Empereur occupe les lieux. Le premier enthousiasme passé, il retrousse ses manches. Il a du pain sur la planche. Renonçant à ses rêves de gloire, il ne désire, dit-il, que la paix pour la France.

«Waterloo, morne plaine»

Mais l'Europe ne veut pas laisser faire. Immédiatement, elle dresse les armes contre la France. L'Empereur se résigne au combat. En toute hâte, il lève une armée et marche vers le nord. Les conditions dans lesquelles va s'engager la lutte ne lui sont guère favorables : parmi ses

troupes les défections sont nombreuses, les armes et l'argent manquent.

La guerre sera courte. L'Empereur entre en Belgique à la tête de 125 000 hommes, bien décidé à écraser les troupes anglaises de Wellington et les troupes prussiennes de Blücher, avant que ne les rejoignent les armées autrichiennes et russes.

Le 16 juin, à Ligny, Napoléon bat les Prussiens et, confiant à Grouchy le soin de poursuivre le vaincu, il se retourne contre les Anglais. Le 18 juin, c'est Waterloo... et le désastre que l'on sait.

Marbot, qui fut de bien des campagnes, devait écrire : «Je ne reviens pas de notre défaite !... On nous a fait manœuvrer comme des citrouilles.» En vain Ney lance-t-il des assauts répétés à la tête de sa cavalerie. L'ennemi ne fléchit pas. Et voilà que tout à coup de nouvelles troupes apparaissent à l'horizon. Grouchy ? Non ! Blücher.

Ah ! Que n'a-t-on dit du pauvre Grouchy ? Et s'il avait anéanti les troupes de Blücher ? Et s'il était arrivé le premier ? Et si, et si... Vous croyez vraiment, vous, que Napoléon aurait pu lutter longtemps contre l'Europe entière ?

Les cinq lettres

Vous savez sans doute ce que l'on raconte sur le dernier carré formé par la vieille garde impériale. Sommé de se rendre, le général Cambronne aurait superbement répliqué : «La garde meurt mais ne se rend pas !» Avant de lancer un retentissant «Merde» aux oreilles ennemies. Pauvre Cambronne ! Toute sa vie, il devait se défendre d'avoir proféré ce mot.

L'abdication II

Le 22 juin, Napoléon abdique pour la seconde fois. Désireux de gagner les Etats-Unis ou l'Angleterre, il se remet aux mains des Britanniques, le 15 juillet, sur le navire *Bellérophon*, à Rochefort. Mais ils le font prisonnier.

Fin de l'épopée.
Début de l'exil et de la légende.

L'Aigle sur un rocher

Les Anglais se montrent intraitables. Plus question de laisser en liberté cet empêcheur de commercer en rond. Napoléon s'est jeté dans la gueule du lion anglais, il va voir ce qui l'attend.

La prison de Sainte-Hélène

Plus de panoplie de souverain, on ne s'amuse plus. On l'expédie le plus loin possible. Ce sera Sainte-Hélène, un minable îlot rocheux perdu dans l'Atlantique Sud à 2 500 km des côtes africaines. Chaud, moite, pluvieux...

Napoléon se drape dans sa dignité : «J'en appelle à l'Histoire. Elle dira qu'un ennemi qui fit vingt ans la guerre au peuple anglais vint librement dans son infortune chercher un asile sous ses lois. Quelle preuve plus éclatante pouvait-il donner de son estime et de sa confiance? Mais comment répondit-on en Angleterre à une telle magnanimité ? On feignit de tendre une main hospitalière, et, quand il se fut livré de bonne foi, on l'immola.»

Cette fois-ci plus question de lui donner une petite armée. C'est contre lui que les armes sont tournées. Trois mille hommes et cinq cents pièces d'artillerie le surveillent jour et nuit. On trace autour de sa demeure de Longwood deux enceintes : une de 4 km sans soldats, une autre de 20 km, où Napoléon peut circuler librement mais parcourue par des patrouilles. Au-delà, il lui faut autorisations spéciales et escorte.

Longwood, Sainte-Hélène

Voici comment un Anglais qui séjourna à Sainte-Hélène dans ces années décrit la demeure de Napoléon et l'atmosphère de l'île.

«La maison de Longwood se trouve à cinq milles environ de la ville de Jamestown [...]. Elle a été rendue commode et confortable. Les chambres sont petites, mais en comptant les logements des domestiques, il y en a plus de quarante. [...] Le terrain de Longwood est entière-

ment réservé à Bonaparte, à l'exception d'une partie cultivée occupée par une ferme.

Sainte-Hélène, de par sa situation, sa structure et sa pittoresque configuration, est probablement le plus singulier endroit que puisse observer un navigateur. C'est un climat tempéré, soumis à l'action continuelle des vents du sud-ouest et à des pluies incessantes. On ne peut pas dire, comme on le prétend généralement, que ce climat soit sain ; les enfants y sont maladifs et les adultes y sont sujets à des maladies de foie qui nous firent perdre beaucoup de nos hommes. Rien ne peut être moins attrayant, que dis-je, plus horriblement sinistre à première vue que ce rocher aride, perdu dans son isolement et qui semble calciné.»

Le général Bonaparte

Napoléon est prisonnier. Comme tous les prisonniers du monde, il a un geôlier. C'est le nouveau gouverneur de l'île, il s'appelle Sir Hudson Lowe. Arrivé quelques mois après son VIP (*very important prisoner*), il respecte à la lettre les instructions précises qu'on lui donne, le genre de bonhomme un peu borné pour qui la consigne c'est la consigne.

Lowe n'épargne guère les humiliations à Napoléon. On ouvre son courrier. On refuse de lui remettre un buste de son fils sous prétexte qu'il pourrait contenir quelque message. On lui refuse le titre d'empereur, ne lui reconnaissant que celui de général.

Parfois Napoléon est pris de l'un de ces accès de déprime que nous lui connaissons : «J'aurais dû finir plus tôt. Je pense que j'aurais dû mourir à Waterloo ; peut-être avant.» Mais il sait aussi intimement que son exil à Sainte-Hélène lui confère une nouvelle image qui sied bien à sa légende. «Aujourd'hui, confie-t-il, grâce au malheur, chaque heure me dépouille de ma peau de tyran.» (On se console comme on peut.)

De là à penser que Napoléon en rajoute parfois un peu sur la rigueur bornée de son geôlier, il n'y a qu'un pas... Il est certain, d'un autre côté, que Lowe se trouvait passablement dépassé par la personnalité de son prisonnier et par ses responsabilités.

La petite cour de Sainte-Hélène

Mais il faut bien vivre !

Il a gardé quelques fidèles qui l'ont suivi au bout de l'océan. Même ici Napoléon organise tout : il répartit les

fonctions, recrée un semblant de vie de cour avec cérémo-
nial et étiquette. Il est prévu par exemple que les officiers
portent dans la journée l'uniforme de petite cérémonie et
revêtent le soir leurs habits de cour. Les femmes arborent
aussi leurs plus belles toilettes et leurs bijoux.

Mais à vivre en vase clos, ce petit monde est sujet aux
crises de jalousie, aux rivalités, aux chamailleries. Les
anciens officiers raillent Las Cases, ce civil, parvenu *in
extremis* dans l'entourage de Napoléon et que celui-ci a
choisi pour dicter ses *Mémoires*. Il y a les inévitables his-
toires de cœur, les soucis domestiques, la décrépitude
physique des uns, la lassitude des autres.

Au fil des ans, Napoléon grossit, perd ses cheveux... On
vieillit bien vite à Sainte-Hélène. On s'ennuie désespéré-

ment surtout. Les journées sont tellement vides !
Le général Gourgaud note dans son journal.

Mardi 25 : Ennui, ennui !
Mercredi 26 : pareil
Jeudi 27 : pareil
Vendredi 28 : pareil
Dimanche 30 : Immense ennui

Bonjour l'ambiance ! Imaginez les soirées... On parle et on ressasse. Napoléon n'en finit plus de réécrire l'histoire. «Si les Russes n'avaient pas brûlé Moscou, j'aurais été le maître de la Russie... si j'avais eu Bessières ou Lannes à Waterloo, je n'aurais jamais été battu...»

5 mai 1821

A cinq heures quarante-neuf minutes, l'Empereur a rendu le dernier soupir. Les trois dernières minutes, il a rendu trois soupirs. Au moment de la crise, léger mouvement dans les prunelles ; mouvement irrégulier de la bouche et du menton au front ; même régularité que dans une pendule. La nuit, l'Empereur avait prononcé le nom de son fils avant celui de : «A la tête de l'armée». La veille, il avait demandé deux fois : «Comment s'appelle mon fils ?» Marchand avait répondu : «Napoléon».
(Journal du général Bertrand)

Point de tempête ce jour-là comme l'a prétendu le docteur Antommarchi, un rien romanesque. Il fait beau, tout simplement.

Modestes funérailles

Les funérailles sont simples, modestes mais décentes. Laissons à un médecin anglais qui n'aimait guère l'Empereur le soin de les raconter.

Celui dont un signe de tête avait fait longtemps vaciller le destin des nations, le vainqueur de cent batailles, qui créait des rois et des princes, le législateur, le héros de ce temps, n'était plus qu'un cadavre que l'on conduisait à son étroite dernière demeure. Et, par un juste retour de choses, il n'était pas conduit avec toute la pompe impériale à travers des avenues tendues d'étoffes de deuil, mais

porté tout au long de sentiers de chèvre par les soldats de cette grande nation qu'il avait toute sa vie poursuivie de sa haine avec une inflexible obstination, qui avait implacablement barré la route à ses aspirations à la royauté universelle, et dont l'abaissement et la ruine avaient été le vœu constant de son esprit et le but principal de sa vie.

Et maintenant, ce corps porté à bras par des grenadiers britanniques, entouré d'étendards où brillaient en lettres d'or les noms des victoires remportées sur ses armées, s'acheminait lentement vers le seul domicile auquel il pût désormais prétendre, vers la fosse obscure où l'on allait l'enterrer, dans le cratère d'un volcan éteint, sur un roc lugubre, perdu dans l'immensité de l'océan, sans cénotaphe, ni mausolée, sous une pierre sans nom.

Trouvez le nom du navire qui

Il figure dans la première colonne

1- On peut dire que Napoléon et Alexandre ont marché sur ses eaux

2- Qualité ou défaut, Napoléon l'avait grand

3- Victoire italienne, rue parisienne

4- Pour Nelson, la dernière victoire

5- Beauharnais puis Bonaparte

6- Maladie qui forçait Napoléon à glisser sa main sur son estomac

7- Le mois de mai 1808 y fut sanglant

8- Napoléon y vint pour s'y rendre

9- Victoire sanglante

10- Pyromane patriote

11- Mamma corse

12- Berceau

13- Le brave des braves

14- Artiste officiel

1 **Niemen**
2 **Orgueil**
3 **Rivoli**
4 **Trafalgar**
5 **Hortense**
6 **Ulcère**
7 **Madrid**
8 **Bellerophon**
9 **Eylau**
10 **Rostopchine**
11 **Lætizia**
12 **Ajaccio**
13 **Ney**
14 **David**

amena Napoléon à Sainte-Hélène

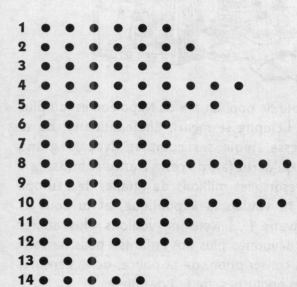

Napoléon après Napoléon

En 1814, la «cote de popularité» de Napoléon est au plus bas. Alors que l'Empire se meurt, Chateaubriand, de sa plume vengeresse, règle ses comptes avec le grand homme : «Dis, qu'as-tu fait de cette France si brillante ? Où sont nos trésors, les millions de l'Italie, de l'Europe entière ? [...] Tu voulais la République, et tu nous as apporté l'esclavage [...] Nous ne voulons plus adorer Moloch ; tu ne dévoreras plus nos enfants : nous ne voulons plus de ta conscription, de ta police, de ta censure, de tes fusillades nocturnes, de ta tyrannie.»

Naissance d'un mythe

Napoléon n'avait pas tort lorsqu'il pensait que se retrouver prisonnier puis mourir si loin des siens sur cet îlot, à mille milles de toute terre habitée, le laverait de ses fautes. Il va renouer peu à peu avec sa légende.

Les plaies se referment. Non seulement on oublie les guerres incessantes, la conscription, les morts, les souffrances, mais avec le temps on ne garde plus en mémoire que la gloire de ces années pendant lesquelles la France avait dominé l'Europe. Même la campagne de Russie, dans sa démesure, a quelque chose de grandiose.

«Quel roman que ma vie !», s'exclame Napoléon en 1816. Roman que les anciens grognards écrivent aussi à leur façon, racontant leurs exploits, évoquant devant leur entourage captivé l'odeur de la poudre sur les champs de bataille, le bruit du canon, les splendeurs des capitales traversées.

La jeune génération romantique s'ennuie. Alors on construit un mythe. Certains voudraient voir en lui l'unificateur de l'Europe qu'il ne fut pas vraiment, et le défenseur des libertés, alors qu'il avait régné en despote bien plus que les Bourbons qui l'ont remplacé. Même les étrangers se mettent de la partie. L'Anglais Byron, l'Italien Manzoni, le Russe Pouchkine, l'Allemand Heine se font eux aussi les glorificateurs de l'Empereur.

Dans les campagnes surgissent de faux Napoléon, prétendument évadés de Saint-Hélène. L'un d'eux, bien avant Jules Verne, se vante même d'avoir creusé un tunnel au travers de la terre pour regagner la France. Lors des révolutions qui éclatent un peu partout en Europe en 1830, on entend crier : «Vive l'Empereur».

Le retour des cendres

Alors, du même coup, certains flairent là une bonne affaire politique. Le roi Louis-Philippe notamment, qui vient de chasser les Bourbons du trône. Oubliant qu'en sa jeunesse il avait surtout cherché à combattre l'Empereur, il décide d'envoyer un navire chercher la dépouille de Sainte-Hélène.

Une décision parfaitement démagogique.

L'un de ses fils, le prince de Joinville, est du voyage. Il embarque le 7 juillet 1840 avec quelques compagnons d'exil de Napoléon qui ont survécu, sur la *Belle-Poule*, une frégate de soixante canons.

Le 15 octobre, on procède à l'exhumation du corps :

«Après avoir coupé lentement la soudure du dernier cercueil, le couvercle fut enlevé avec précaution. Alors j'ai vu un tissu blanchâtre qui cachait l'intérieur du cercueil et empêchait d'apercevoir le corps ; c'était du satin ouaté formant une garniture dans l'intérieur de cette caisse. Je l'ai soulevé par une extrémité et, le roulant sur lui-même des pieds vers la tête, j'ai mis à découvert le corps de Napoléon, que j'ai reconnu aussitôt, tant son corps était bien conservé, tant sa tête avait de vérité dans son expression [...]. On reconnaissait parfaitement l'uniforme de chasseur à cheval de la vieille garde au vert foncé de l'habit, au rouge vif des parements ; le grand cordon de la Légion d'honneur se dessinait sur le gilet et la culotte blanche, cachée en partie par le petit chapeau qui reposait sur les cuisses. Les épaulettes, la plaque et les deux décorations attachées sur la poitrine n'avaient plus leur brillant ; elles étaient noircies ; la couronne d'or de la croix d'officier de la Légion d'honneur seule avait conservé son éclat... »

Quatre jours plus tard, la *Belle-Poule* lève l'ancre. Elle arrive fin novembre en rade de Cherbourg. On transfère la dépouille de Napoléon sur un autre navire qui va remonter la Seine jusqu'à Paris. Partout une foule immense se presse sur les berges du fleuve.

Le soir du 14 décembre, le navire accoste à Courbevoie. Malgré le froid glacial, des vétérans de la Grande Armée bivouaquent, prêts à accueillir le cercueil qui sera débarqué le lendemain matin.

Le 15 décembre, c'est le défilé solennel qui, par les Champs-Elysées conduit aux Invalides. Les plus astucieux ont profité pour monter de véritables affaires : un balcon 3 000 francs, une maison inhabitée 5 000, une mansarde 50. On vend des bibelots au profil de Napoléon, des images d'Epinal, des aigles et toute une panoplie d'objets souvenirs.

La foule est immense. Elle frissonne autant de froid que d'émotion. L'armée forme une haie d'honneur, le canon tonne. Derrière le catafalque, les derniers survivants de la

Grande Armée sont là, si vieux, si émus, si fiers.

Le cortège emprunte les Champs-Elysées puis se dirige vers les Invalides. A deux heures, il entre dans la cour d'honneur des Invalides. Le cercueil est alors porté jusque dans l'église.

Selon le *Moniteur,* le prince de Joinville aurait alors déclaré à son père : «Sire, je vous présente le corps de Napoléon», Louis-Philippe lui répondant : «Je le reçois au nom de la France.»

Le neveu

La même année, un autre Bonaparte fait p... est pratiquement inconnu. Avec quelques c... débarque près de Boulogne, à Vimereux, et ... lever la caserne du 42ᵉ de ligne. L'équipée é... sement. Les conjurés devenus fugitifs tentent ... barquer sur un bateau de sauvetage qui chavire ...

chef, qui avait déjà tenté un premier coup d'Etat à Strasbourg en 1836, c'est la prison.

On l'enferme au fort de Ham, où il reste prisonnier jusqu'en 1846. Il décrète qu'avec le nom qu'il porte il lui faut «l'ombre d'un cachot ou la lumière du pouvoir». Six ans plus tard, profitant de travaux réalisés dans l'enceinte de la forteresse, il endosse le vêtement d'un ouvrier, et, le visage dissimulé par une planche qu'il porte sur l'épaule, il gagne la sortie.

Mais qui est ce proscrit ? Il s'appelle Louis-Napoléon. Il est le neveu de l'Empereur, le fils de Louis, roi de Hollande et de Hortense de Beauharnais.

Dans deux ans, il sera président de la République. Et dans trois ans, il organisera un nouveau coup d'Etat, prélude cette fois au rétablissement de l'Empire. Mais c'est une autre histoire...

Le saviez-vous ?

Walter Scott (l'auteur d'**Ivanhoé**) a écrit une **Vie de Napoléon** dans laquelle il raconte qu'un Ecossais avait imaginé une sorte de sous-marin pour permettre à Napoléon de s'évader de Sainte-Hélène.

Jeu de mots paru dans le **Charivari**,
journal satirique de l'époque
la Belle-Poule qu'il ne fallait pas laisser sans coke ?

• •

Que suis-je ?

J'ai été réalisée grâce à la fonte de 1 200 canons pris aux Autrichiens. Je porte la statue de Napoléon mais comme on l'avait enlevée en 1815, il a fallu en édifier une autre sous le Second Empire.
Moi-même, on m'a fait tomber sous la Commune, en 1871, et il a donc fallu me restaurer.
Pour vous aider, j'ajouterai que je ressemble comme deux gouttes d'eau à un monument romain de l'Antiquité.

Réponse : la colonne Vendôme

• •

Conclusion :
Le lion du désert

Le maréchal Foch, à l'occasion du centenaire de la mort de Napoléon, juge le personnage avec quelques réticences : «Il a oublié qu'un homme ne peut être Dieu; qu'au-dessus de l'homme, il y a la loi morale, et que la guerre n'est pas le but suprême, puisqu'au-dessus de la Guerre il y a la Paix.»

En 1921, la France et l'Europe sortent à peine d'un conflit de plus de quatre ans, et ce conflit avait été le plus meurtrier qu'il ait alors jamais été donné aux hommes de connaître. Evoquer Napoléon c'était, hélas, à nouveau évoquer la guerre, l'Europe à feu et à sang...

Et pourtant, malgré tout, il revient à cet extraordinaire

destin de continuer à fasciner les hommes. Tout y est : la fulgurante ascension, la toute-puissance et les victoires éclatantes, les revers tout aussi spectaculaires. Jusqu'à cette double abdication et cet exil lointain dont il n'y a pas d'équivalent dans l'histoire. Napoléon disait que sa vie était un roman. Il se trompait. Elle tient bien plus de l'épopée.

Imaginez un instant que Napoléon ait terminé sa vie, avec ou sans le pouvoir, dans quelque palais parisien ; ou qu'il soit parti habiter les Etats-Unis comme il en a eu l'intention après Waterloo. Regardez-le déambuler, la main sur l'estomac, le ventre un peu replet, dans les rues de Boston ou de New York...

Pour que l'épopée achève de se construire, il fallait une fin digne de son destin. Et pour cette raison, on pourrait dire que les Anglais ont été ses meilleurs amis. Ils l'ont d'abord contraint à la grandeur sur les champs de bataille, puis ils lui ont offert l'immortalité à Sainte-Hélène. Cette immortalité dont ne doute pas un instant le vieux grognard auquel Balzac prête ces paroles :

«Ceux-ci disent qu'il est mort ! Ah ! bien oui, mort ! On voit bien qu'ils ne le connaissent pas. Ils répètent c'te bourde-là pour attraper le peuple et le faire tenir tranquille dans leur baraque de gouvernement. Ecoutez. La vérité du tout est que ses amis l'ont laissé seul dans le désert, pour satisfaire à une prophétie faite sur lui, car j'ai oublié de vous apprendre que son nom de Napoléon veut dire le lion du désert. Et voilà ce qui est vrai comme l'Evangile. Toutes les autres choses que vous entendez dire sur l'Empereur sont des bêtises qui n'ont pas forme humaine. Parce que, voyez-vous, ce n'est pas à l'enfant d'une femme que Dieu aurait donné le droit de tracer son nom en rouge comme il a écrit le sien sur la terre, qui s'en souviendra toujours! Vive Napoléon, le père du peuple et du soldat !» *Le Médecin de campagne* (1833)

A lire

Des romans
La Grande Ombre de Conan Doyle
La Chartreuse de Parme de Stendhal
Guerre et Paix de Léon Tolstoï

Une pièce
L'Aiglon d'Edmond Rostand

Des livres d'histoire
Napoléon de Jean Tulard, Lattès, 1994
Napoléon et son temps de Dominique Gaussen, Mango, 1994

A voir

Adieu Bonaparte de Youssef Chahine, 1985
Austerlitz d'Abel Gance, 1960
Bandits, bandits de Terry Gilliam, 1981
Désirée de Henry Koster, 1954
Marie Waleska de Clarence Brown, 1937
Napoléon d'Abel Gance, 1927
Napoléon de Sacha Guitry, 1954
Waterloo de Serguei Bondartchouk, 1970

A visiter

Les Invalides et le musée de l'Armée à Paris (01 44 42 37 67)
Musée national du château de Malmaison (01 47 49 05 55)
Musée national du Château et musée Napoléon Ier à Fontainebleau
(01 60 71 50 77)
Musée national de la Maison Bonaparte à Ajaccio (04 95 21 43 89)
Le site de Waterloo en Belgique

Table des matières